10

THE MODERN WESTERN THOUGHT SERIES

ROUTLEDGE
Taylor & Francis Group

西方现代思想丛书

— 珍藏版 —

致 命 的 自 负

[英] 弗里德里希·奥古斯特·冯·哈耶克 著

冯克利 胡晋华 等译

冯克利 冯兴元 统校

F.A.Hayek

The Fatal Conceit

中国社会科学出版社

图字:01－2017－7843

图书在版编目(CIP)数据

致命的自负/(英)哈耶克(Hayek,F. A.)著;冯克利等译.—北京:
中国社会科学出版社,2000.8(2023.9 重印)
(西方现代思想丛书;10)
ISBN 978－7－5004－2793－3

Ⅰ.①致…　Ⅱ.①哈…②冯…　Ⅲ.①哈耶克—政治思想—研究
Ⅳ.①D095.61

中国版本图书馆 CIP 数据核字(2000)第 50315 号

出 版 人　赵剑英
责任编辑　李庆红
责任校对　张慧玉
责任印制　张雪娇

出　　　版　中国社会科学出版社
社　　　址　北京鼓楼西大街甲 158 号
邮　　　编　100720
网　　　址　http://www.csspw.cn
发 行 部　010－84083685
门 市 部　010－84029450
经　　　销　新华书店及其他书店

印刷装订　环球东方（北京）印务有限公司
版　　　次　2000 年 8 月第 1 版
印　　　次　2023 年 9 月第 32 次印刷

开　　　本　880×1230　1/32
印　　　张　8.125
插　　　页　2
字　　　数　193 千字
定　　　价　42.00 元

《西方现代思想丛书》之一

主　　编　冯隆灏

编委会委员　（按姓氏笔划为序）

　　　　　　冯兴元　　何梦笔　　陆玉衡　　孟艺达

　　　　　　青　泯

中文版导言

哈耶克的名字在中国也许已经不为人们所陌生,但对他的思想及主张能有较为全面而深入了解的人却不是很多,甚至在中国的知识界也是如此。《致命的自负》是哈耶克生前最后一部作品,也是他最重要和最具有代表性的著作之一。同时,作为这套"西方现代思想丛书"中的一种,这也是第三次选择译介他的著作(前两种分别是《通往奴役之路》和《自由宪章》)。而这部著作又不同于以往,在某种程度上,它实际上是"哈耶克对自己毕生所反对'极权社会主义'的思想努力的总结"①。正是由于本书集中体现了哈耶克全面而系统地批判他所谓的"社会主义"的主题,认为"社会主义"的思想主张是一种"致命的自负""一种谬误",它的译介出版势必会在中国读者中产生影响。这样,如何正确理解哈耶克所谓的"社会主义"的概念,自然就成为受人关注的问题。

首先,哈耶克的"所谓'极权社会主义'实际上是指 20 世纪上半叶出现在欧洲的那种'社会主义',它与 20 世纪后半叶在亚非拉民族独立运动中崛起的'第三世界社会主义'有本质的不同。后者的合法性建立在受到西方殖民主义压迫的民族利益自觉的基础上,前者的合法性则立基于对西方资本主义现状的'彼岸'的向往。欧洲的社会主义,与它的对立物——欧洲资本主义一样,被韦伯定义为'理性社会主义',与'理性资本主义'构成一对政治范畴。在这样的思想视角下,哈耶克以这本书的副标题——'社会主义的谬误'挑明

---

① 见汪丁丁《哈耶克思想与当代中国社会的变迁》。

了对'社会主义'的批判,就应当被理解为是对'理性社会主义'及其思想根源——'建构理性'的批判"。① 哈耶克的矛头所向实际上是指韦伯等代表人物鼓吹的西方国家中的多数"左派"政党所吹捧的那个"社会主义理想"。这一点是读者在阅读本书时所必须加以把握的。

其次,哈耶克作为西方国家中右派政治势力所极力推崇的理论家,其与马克思主义的对立是不言而喻的,但哈耶克更多地是从学术的角度来阐释他的思想主张,而且其中也不乏某些"亮点"。比如,哈耶克反对意识形态领域的霸权主义。反对西方某些国家凭借其经济政治实力向全世界推行其价值观的做法。尽管他毕生极力鼓吹自由主义市场经济,捍卫现行的资本主义制度,他将之称为"自发秩序"和"扩展秩序";但他认为这种"扩展秩序"在一个国家或民族中只能是在"无人能知其后果的情况下,在漫长的岁月中自发进化而形成的"。② 它不是"某个主体的自觉设计的结果"。③ 由此推之,它因而更不能靠外部力量强加和推动,一个国家选择何种"秩序"是其内部因素自主自发地发展的结果。

最后,需要强调指出的是,哈耶克对于自由市场经济的推崇与捍卫,并力图以他的"扩展秩序"的理论加以美化,以致被撒切尔及里根等政治家奉为新的"镇山之宝",但其弊端也是显而易见的。市场经济所造成的环境问题、物质不平等给人们带来的痛苦以及资源浪费、人的技能天赋的不能充分发挥等等,表明国家对经济的干预是有其客观存在的理由的,哈耶克对此也是心知肚明,尽管他坦然承认这些事实,但他却无所作为,选择了回避与沉默。

王　昊

2000 年 9 月

---

① 见汪丁丁《哈耶克思想与当代中国社会的变迁》。
②③ 见本书"译者的话"。

译 者 的 话

《致命的自负》一书并非哈耶克的早年作品，而是他生前最后一本重要著作。但是当 1988 年开始出版《哈耶克全集》时，编者巴特利三世（W. W. Bartley，Ⅲ）却把它列为首卷。因此最初读到它时，读者心中也许不免会有些不解：一本新作乍一面世，就以全集第一卷的面目出现，总让人觉得有点不合常规。

不过只要我们把全书读完，便会觉得他这样做也并非全无道理。哈耶克写此书时已届耄耋之年，缘起则是 1978 年他曾打算以"社会主义是否是个错误"为题，在巴黎这个西欧左翼思想的大本营与对手设场斗法，来一场最后决战一般的大辩论。这种在学术讨论中有些反常的做法当然不易得到落实，哈耶克便在同道的鼓励下，把原为论战而准备的简短宣言，扩展成了这本通俗易读的《致命的自负》。由这一成书背景所决定，它可以算是哈耶克对自己毕生致力于探讨市场文明的运行原理、反对计划经济选择的一个总结。因而把它作为《哈耶克全集》的一个长篇序言来看待，倒是十分恰当的。

既单纯又复杂的思想追求

从"二战"期间开始撰写《通往奴役之路》到这本《致命的自负》，哈耶克度过了将近半个世纪的学术生涯。在这段漫长的岁月里，他也从一个十分边缘化的经济学人，变成享誉世界的

思想家。《通往奴役之路》可被视为哈耶克向计划经济发动一场
全面讨伐的正式开端。它在当时英语读者的市场上虽然十分成
功，但是战后学术圈内对待它的态度，却令哈耶克灰心。这反映
在他的文字生涯中，便是从战后直到1960年出版《自由宪章》
前的十多年里，哈耶克基本上没有再认真介入这种论战。到了
70年代，哈耶克一贯反对的凯恩斯主义方案已经千疮百孔之时，
他的思想才又引来了越来越多赞赏的目光。1974年他荣获诺贝
尔经济学奖，声誉也由此达到顶峰——虽然经济学界不少人认为
这与其说是因为他在专业经济学上的贡献，不如说是承认了他捍
卫资本主义文明不屈不挠的精神。当然，在这段时间里，他的思
想也经历了一个不断发展的过程，它既变得相当复杂，从另一方
面看又依然十分简单。

　　言其复杂，乃是因为他的学说成分日趋驳杂而精深。从《通
往奴役之路》，经过《感觉的秩序》、《自由宪章》和《法律、立法和
自由》等宏篇巨著，到最后完成这本《致命的自负》，他的知识基础
已经发生了巨大的变化。如果说他最初的立论基础大体上局限于
奥地利学派的经济学和少许古典自由主义学说，那么这一基础最
后则已变得极为庞杂，除原有的经济学之外，他又从哲学、法学、历
史、心理学、语言学、文化人类学、生物学等各门学科中汲取证据，
形成了一个既繁复但又具有逻辑一贯性的论证体系。

　　因此在许多人眼里，哈耶克变成了一个在本世纪已很不多见
的"知识贵族"，一个在19世纪前相信"知识统一性"的岁月，
我们才可以从帕斯卡、斯宾诺莎、笛卡尔和康德之类大思想家身
上得窥其风采的人物。因为在他们眼里，今天我们习以为常的严
格的学科分工，是一种十分荒谬的做法；专业化对于我们是学有
所成的前提，而对于他们，却是有碍于充分理解这个世界的一道
道樊篱，因此他们要尽力打破知识体系壁垒分明的界线。这种宏
大的认识论视界反映在哈耶克的思想中，便是他从整体上把近代

世界作为一种文明——一种以市场秩序为特征的法制文明看待。

不过换一个角度看，哈耶克的思想依然十分单纯：他几十年著书立说只是为了一个十分单一的目标。这种目标的单一性，有时甚至使他的思想显得重复而乏味。他不断扩大视野，不懈地调动各个领域中的知识，唯一的动机就是他终生未变的一种强烈关切，即论证市场秩序的形成与个人自由的关系和这种文明受到威胁的原因。可以说，他的思想不管涉及什么知识领域，只能是因为它同这一目标有关。哈耶克在这方面表现出的一以贯之的精神，即使在思想家中也是一种十分罕见的品质。

高尚而危险的自负

哈耶克在漫长的时间里顽强反对计划经济，自然有其历史背景。用他本人的说法，从大学时代开始，他所接触到的几乎所有关于社会改革的知识时尚，都具有社会主义取向，而知识分子中所有的"好人"似乎也都是社会主义者。年轻的哈耶克当然也难免被卷入这种思想气氛。但是他所继承的奥地利经济学派的知识，却使他对这种社会改革热情很快便产生怀疑：既然人们的需要和知识有着高度的主观性、个体性和易变性，那么为满足这些需求和充分利用这些知识而从事的经济活动，是可以进行"理性计划"的吗？实行这种计划的政治后果会是什么？早年的《个人主义与经济秩序》中的许多篇章，便反映着他从经济学角度对这种问题的思考。但是，假如没有希特勒政权的建立为他提供计划经济的理想付诸实践后的可怕样板，说不定他不会从专业经济学家变成一个"社会哲学家"。从这个角度理解哈耶克，我们可以得出一个很多人不乐意接受的结论：哈耶克的思想是他对本世纪一系列巨大政治灾难——两次世界大战、德国建立起来的暴虐统治——做出的反应，就此而言，他与本世纪同他立场十分不同的政治理论家，例如法兰克福学派的领导人物马尔库塞，部分地分享着一个相同的问题背景，只是他们做出的反应各有不同而已：一方提出的救世方案是尊重法治条件下的市场秩序，另一方则是泛灵论意义上的"爱欲"解放。

自从启蒙时代以来，人类在自然科学和技术的运用上有了天翻地覆的变化。但是，哈耶克从这种进步中（这也和马尔库塞等人一样）却看到了一个巨大的潜在危险，即每个科学领域所取得的成就，都在对人类的自由不断形成一种威胁，这是因为它加强了人类在判断自己的理性控制能力上的一种幻觉，即他所说的社会主义者的"致命的自负"。在他看来，一切打算对整个社会实行计划的企图，不管它们是出于何种高尚的动机，都是建立在这种危险的知识自负上。因此和许多人的看法相反，哈耶克一再声明，他和社会主义者的分歧并不是出于意识形态或价值选择的对立，而是由于事实判断上的不同——问题不在于社会主义的计划经济所设定的目标在道德上是否可取，而是用它所倡导的办法能否达到这些目标？

哈耶克为证明这种立场的错误，提出了他在《致命的自负》一文中的"扩展秩序"这一核心概念，它脱胎于他50年代以后开始系统阐述的"自发秩序"的思想。如想掌握哈耶克的自由主义政治哲学，大概最方便的办法就是理解他赋予这一概念的含义。

他的立论是以这样一个问题为起点：人类是如何从早期原始社会休戚与共的小部落，发展成广土众民、和睦相处并形成巨大而复杂交往关系的巨型社会的呢？哈耶克认为，形成这种社会的一个关键性因素，是人类中某一部分群体在一个类似于自然选择的过程中，形成了一套调节人际关系的规则，它在很大程度上不是人类特意计划或追求的结果，而是在无人能预知其后果的情况下，在漫长的岁月中自发进化而形成的。人类早期在不存在国家之前自发出现的贸易、先于理性时代而形成的传统习俗，都证明了文明的成长与其说是由于理性的完善和强大政治国家的建立，倒不如说国家和理性精神的产生是它们的结果。

为了解释这种具有扩展性的行为规则的形成，哈耶克经常把社会比做一个"有机体"，他借助于一些研究"复杂现象"的学科知识（如生物学、化学和现代协同论、系统论等）说明，对于这种包含着无限多的要素、相互作用关系极为复杂的有机体而言，人类的理智在其秩序模式的形成机制上所能达到的认知水平是十分有限的。对于这种复杂现象，我们充其量只能掌握一些有关它的一般结构的"抽象知识"，而这完全不足以使我们有能力"建造"或是预见它们所采取的具体形式。他认为，许多知识分子敌视市场秩序的原因，即在于他们没有真正理解或根本不愿理解这种抽象的自发模式在一切生命领域所起的作用。正是因为这种不理解，使他们情不自禁地倾向于从"泛灵论"角度，把复杂结构解释成某个主体的自觉设计的结果。由于这种"建构论理性主义"把人类社会获得的一切优势和机会，一概归功于理性设计而不是对传统规则的遵从，因此他们认为，只要对目标做更为恰当的筹划和"理性的协调"，就能消灭一切依然存在的不可取现象。包括爱因斯坦这样伟大的头脑在内，众多知识分子所以倾向于社会主义的选择，都是因为他们在理性之外看不到任何有用的知识，或者说，他们不承认人类通过理性而得到的各种知识体系，也受着某些传统行为实践模式的制约。

那么，人类的理性与知识既然有着不可克服的局限，它又是如何为文明的进步作出贡献的呢？换言之，人类需要对社会发展和制度的形成采取一种什么态度，才能最好地使有限的个人知识得到充分利用？在哈耶克的理论架构内，这一问题其实包含着他的知识论的两个要点，并且我们很容易看出，在如今被广泛谈论的"知识经济时代"，他这方面的思想对我们有着最为突出的价值。

在本能和理性之间

包括本书在内，哈耶克曾多次借用哲学家赖尔（Gilbert Ryle）的"知其然（know that）"和"知其所以然（know how）"这两个概念来说明人类知识的性质。所谓"知其然"的知识，是一种我们通过学习和模仿而获得的遵守行为模式的"知识"，从我们对这些模式本身的发生原因和一般效用可能茫然无知这个角度说，它们不是通常意义上的知识，但我们能利用自己的感官意识它们，并使自己的行为与其相适应。就此而言，它又确实是我们理解周围环境的理智结构的一部分。这种使我们适应或采纳一种模式的能力，同我们知道自己的行为会有何种结果的知识极为不同，在很大程度上我们把这种能力视为当然（即习惯）。我们的大多数道德规范和法律（最重要者如"分立的财产制度"），便是这种行为习惯的产物。在哈耶克看来，这种通过学习和模仿而形成的遵守规则的行为模式，是一个进化和选择过程的产物，它处在人类的动物本能和理性之间——它超越并制约着我们的本能，但又不是来自理性。因此，理性主义者，或奉行"快乐最大原则"的功利主义者，认为只有得到理性证明或可以权衡利害得失的道德规则才是正确的观点，是毫无道理的。

哈耶克强调存在着这种处在"本能和理性之间"的能力，乃是因为他认为对文明的发展至关重要的"扩展秩序"，就是这种能力和进化选择过程相互作用的产物。人们在不断交往中养成某些得到共同遵守的行为模式，而这种模式又为一个群体带来了范围不断扩大的有益影响，它可以使完全素不相识的人为了各自的目标而形成相互合作。出现在这种扩展秩序里的合作的一个特点是，人们相互获益，并不是因为他们从现代科学的意义上理解了这种秩序，而是因为他们在相互交往中可以用这些规则来弥补自己的无知。与此相比，试图为每个成员设定一个幸福标准的计划经济，就像早期社会中休戚与共人人相识的秩序一样，是一种相对而言只能惠及少数人的封闭制度。哈耶克承认原始社会可能存在和谐状态，这同他所极力反对的卢梭似乎较为接近，然而在他看来，原始社会的这种和谐，是以个人既无财产，特殊知识也得不到利用为前提，因而它也是以停滞不前为代价的。

由此我们不难想见，扩展秩序最大的益处，便是它为每个人利用自己的知识（大多数都是"知其所以然"的知识）提供了一个有益的制度空间。随着分工与贸易的发展和产权制度的确立，个人获得了越来越多的私人知识以及利用这些知识的能力，这也是令赞成集体主义目标的人对市场制度十分不安的一个重要原因，哈耶克在讨论"神奇的贸易和货币世界"时，对此有十分生动的描述。这种个人知识因为用途不明而让人担心，因此总是有人试图对它们做有计划的利用，但是他们却面对着一个无法克服的困难，即如哈耶克所言"不知道的也是不能计划的"：这种知识的分散性、多样性和易变性，决定了没有任何一个机构或头脑能够随时全部掌握它们。为了让这种个人知识服务于社会，就只能依靠市场这一超越个人的收集信息制度。在这种制度下，不但"分立的个人知识"（邓正来语）能够得到有效的利用，更重要的是，它还会不断扩大参与协作的社会成员之间在天赋、技能和趣味上的差异，从而大大促进一个多样化世界的形成。这进一步增强合作的群体的力量，使它超出个人努力的总和。由此可见，作为人类社会发展最重要的内容之一的以分工为特征的人类生活的多样性，与使它得以存在的秩序之间存在着一种相得益彰的互动关系："秩序的重要性和价值会随着构成因素多样性的发展而增加，而更大的秩序又会提高多样性的价值，由此使人类合作秩序的扩展变得无限广阔。"这种制度另一个极为奇特的作用是，生活于其中的人们再也没有必要像在小团体中那样必须追求统一的目标，他们可以完全互不相识，只根据个人能力和价值引导去安排自己的生活目标；它可以让人们（哈耶克借用他最尊敬的大卫·休谟的话说）"为别人提供服务，这无需他怀有真诚的善意"，"即使是坏人，为公益服务也符合他的利益"。

限制权力的新视角

被众多论者所忽略的一点是，从哈耶克的这一立场，我们不但可以逻辑地推导出对政府权力应当加以限制的结论，而且能够把他从知识利用的角度对这个问题的论证，视为他对传统政治理论做出的一项重要贡献——它使我们可以避开自霍布斯以来在人性之恶（即"人人为敌的原始状态"）问题上的形而上学主流观点，把限制权力的必要性建立有充分经济基础的知识传播的原理之上。

站在这一立场，我们不必再单纯以性恶论或"权力导致腐败"之类的传统判断来解释限制权力的必要。我们不妨假设人性本善，由此使限制权力的必要失去根据。但是用哈耶克的话说，"休戚与共和利他主义只能以某种有限的方式在一些小团体中有可能行得通"，如果用强制手段把整个团体的行为限制在这种目标上，会使每个成员之间相互合作的努力受到破坏，因为"相互合作的团体的成员的大多数生产活动一旦超出个人知觉的范围，遵守天生的利他主义本能这种古老的冲动，就会实际阻碍更大范围的秩序的形成"。这就是说，即使行使权力的人动机十分高尚，由于他无法掌握许多个人根据变动不息的信息分别做出的决定，因此他不能为目标的重要性等级制定出一个公认的统一尺度。所以，即使是一心为民造福的权力，其范围也是应当受到严格限制的。

这个结论好像与一切劝人行善的道德体系做对，故有可能让许多人难以接受。然而，我们从哈耶克的知识理论中，并不会得出他反对造福于民的观点，而是只会对其方式提出更深一层的疑问："一切道德体系都在教诲向别人行善，……但问题在于如何做到这一点。光有良好的愿望是不够的。"因为在扩展秩序中，包括政府在内的一切人，"如果严格地只去做那些对具体的他人明显有利的事情，并不足以形成扩展秩序，甚至与这种秩序相悖。市场的道德规则使我们惠及他人，不是因为我们愿意这样做，而是因为它让我们按照正好可以造成这种结果的方式采取行动。扩展秩序以一种单凭良好的愿望无法做到的方式，弥补了个人的无知，因而确实使我们的努力产生了利他主义的结果"。

显然，在这种秩序下，人类的合作范围不断扩展，使"普遍的、无目标的抽象行为规则取代了共同的具体目标"。因此，国家这一强制性力量与过去的部落统治方式最大的不同，是它没有必要再为整个共同体制定统一的目标并集中财富去实现这一目标，而只需把自己的功能限制在提供公共安全和保障产权与公正规则的实施上。这里涉及到的"国家的无目标性"的问题，哈耶克在《致命的自负》一书中着墨不多，但它却与哈耶克在此书中一再强调的个人利用自己的知识追求不同目标的秩序有着密切的关系，因此我想有必要在这里多做一点说明。在写于1967年的《政治思想中的语言混乱》（见 F. Hayek, New Studies in Philosophy, Politics, Economics and the History of Ideas, Routledge and Kegan Paul, 1978, pp. 71—97。此文可视为写作《法律、立法和自由》第2卷部分内容的准备性笔记，该书中译本只有第1卷面世）一文，哈耶克采用"nomocracy"和"teleocracy"这两个有些古怪的概念来区分两种秩序的不同，我们可以把它们分别译为"规则的统治"和"目标的统治"。在扩展秩序中，全体成员的共同福利或公共利益，是不可以被定义为所要达到的已知的特定结果的总和的，它只能表现为一种抽象的秩序，作为一个整体，它不指向任何特定目标，而是仅仅提供一个使无论哪个成员都可以将自己的知识用于个人目标的架构。从这个意义上说，"Nomocracy"是一个类似于自然规律的概念，它属于一个自组织系统（就像宇宙、有机体、结晶过程等一样），既为人力所不能左右，也不服从人类赋予它的目标性。而"teleocracy"则是与有不同具体"teloi"（目标）的 taxis（安排或组织）相对应。在前一种系统中，其存在的一般前提（具体到人类社会，即"公共利益"或"普遍利益"）仅仅在于它能提供一个抽象的、无目标的秩序，人类为在这个系统内自由地生存，也必须服从一些抽象的公正行为规则，国家的基本职责便是为这种秩序提供保证。而在受目标统治的秩序（即每个人的行为序列，社团、企业，等等）中，共同利益是特殊利益的总和，即影响到具体的个人或群体的、具体而可预测的结果。哈耶克认为，集体主义者最大的错误，就是经常把这两种不同的秩序混为一谈。他们出于"公正"或"符合理性"的考虑，也想赋予这种"受规则统治的"秩序以一定的目的性，使它等同于"受目标统治的"秩序。

　　然而，这种受目标统治的秩序，与没有共同的具体目标的无数人所组成的开放社会，显然不是相容的。正如哈耶克在本书中所言，如果我们希望为全体社会成员保障尽可能多的利用个人知识的自由，最好的办法莫过于"用抽象规则代替共同的具体目标"，把政府的作用限制在"实施这些抽象规则，以此保护个人的自由领域不受他人的强制或侵犯"。反过来说，一切想把某种统一的目标强加于一个不断成长着的秩序或受规则统治的制度的企图，都会导致开放社会退回到小群体部落社会的状态。

一个执着的自由主义者

　　就像许多执意要把自己的信念或逻辑贯彻到底的思想家一样，哈耶克关于扩展秩序的社会理论带给人们的感觉也是复杂的。他虽然深受英国经验主义和怀疑论的影响，但是我们会不时感到，他后期的理论风格仍有着明显的德语文化的痕迹，套用丘吉尔的一句话说,他的思想保留了18世纪怀疑主义的魅力,却是以现代的严密逻辑的利器武装起来的。因此我们看到,他是以一种不太像休谟的十分激进的方式,来表达他的坚定的"英国立场",从一定意义上说,他甚至是个非常偏执的思想家——当然,这也许是决意与各种谬论和邪恶抗争的思想斗士必须具备的品格。我们也会感到,他虽然从道德上对近代社会主义的思想与实践抱以理解的态度,但是他在批判计划经济时,却令人不解地忽略了一个更为深入的问题:建构论理性主义或社会主义,虽然排除了认识"本能和理性之间"的智慧,但这是否也是文化演化在其成员深层意识中造成的一种结果?我们不时会感到,他的论证一方面似乎有个未明言的预设,即全人类不分文化和地域,其心智结构的进化过程"应当"是相同的(因此社会和经济交往的"全球化"也是必然的),而笛卡尔式的理性主义则是对它的偏离;另一方面,他又把西欧少数国家在近代的制度实践,视为一个进化过程中偶然选择造成的因素。这就使他所极力倡导的法制市场制度变成了一个有着内在紧张的文化概念。对此我们很容易想到的一个最突出的问题是,如果像哈耶克那样仅仅以自愿自发的交换行为来解释"扩展秩序"的形成,则中国这种早期便已形成的巨型文明会成为难以理解的现象。因此我倾向于认为,他对文明成因的说明,并不像他想像得那样具有无时空之分的普适性,而仅仅更适合于解释近代资本主义。就古代社会与它的衔接过程而言,哈耶克的理论就远不像(譬如说)韦伯对文化形态和"理化性过程"的分析那样更具解释力。

　　无可否认的是,哈耶克在许多方面对现代市场文明的运行原理目光锐利且直言不讳。针对20世纪的极权主义和官僚制度对自由的威胁,他把如何使有益于人类的知识得到开发利用,视为判断社会秩序有利与否的重要甚至是惟一重要的标准,这也是他为经济学做出的最重要贡献。但是,姑不论资本主义早期发展的物质不平等给人们带来的痛苦，即使是在现代"富足社会"（加尔布雷斯语）中面对无辜挫折（尤其是精神层面）的，也不会是范围明确的少数人。市场不断造成这种希望落空的痛苦，但它并不关心这种痛苦。此外，这个"没有目标的"自发秩序，不但无法保证具体的个人的技能和天赋可以得到充分发挥而不是被浪费掉，而且整个人类的前程也是难以预料的。哈耶克本人坦然承认这些事实，但他对此似乎表现出一种无可奈何的态度（许多人对他甚为反感，这大概是最重要的原因之一）。

他的作为方法论的"个人主义"当然是造成这种状况的原因之一：它并非一种救赎哲学，而是有着高度形式化的特点，它把为这种形式填充内容的任务交给了每个人的道德责任。从他始终表现出关心人类福祉的情怀这个大前提说，我们可以猜想，大概他不会反对在促进"实质的个人主义"幸福这方面所做的努力。但是公共权力除了维持"公正行为的规则"，它在这方面还能为人类福祉做些什么，我们从哈耶克那儿并不能得到更多的启示。

本书由我译出导言至第六章以及书末的"补论"部分，胡晋华女士承担了第七章至第九章的翻译并由我通校一遍。在翻译过程中我们参考了刘戟锋、张来举先生早先的译本（《不幸的观念》，东方出版社1991年版）；孟庆龙先生做了大量的编辑、统稿工作，冯兴元先生做了不少审核工作，在此一并向他们表示感谢。

冯克利　谨识

2000 年 8 月 13 日

目　　录

编 者 前 言

一

哈耶克的新著《致命的自负》是他的全集——哈耶克著作的标准版本——的第一卷。读者想必会有深刻的感受，这部新作的论证节奏明快，立场鲜明，既有颇为切合具体的实例，又不时露出犀利的辩锋，因此他们也会乐于对本书的背景有所了解。1978年，年届80高龄，与形形色色的社会主义战斗了一生的哈耶克，希望让这场论战有个了断。他设想举行一次正式的大辩论，地点很可能是在巴黎，让社会主义的主要理论家与知识界中赞成市场秩序的领军人物对垒。他们所要讨论的问题是："社会主义是错误的吗？"赞成市场秩序的人将会证明，不管是以科学、事实还是逻辑为根据，社会主义都是错误的，而且历来如此；本世纪社会主义思想在许多实践领域的应用屡屡遭受的失败，从整体上说便是这些科学谬误的直接后果。

由于一些实际原因，这一大辩论的设想不得不被搁置起来。譬如说，如何选出社会主义的代表？在由谁来代表他们的问题上，社会主义者内部是否会难以取得一致？甚至在他们取得了一致这种不太可能发生的情况下，能够指望他们承认这种辩论所得出的真正结论吗？让人公开认错并非易事。

不过，哈耶克的那些与他一起讨论过这一设想的同事们，却不太甘心放弃它，他们鼓励他把支持自由市场的主要论点写在一

份宣言里。最初设想的简短宣言，扩展成了一部由三部分组成的
宏篇巨著，然后全书又被压缩成了这本小书——或者说，是一份
长篇宣言。原来那部大部头著作的某些片断被保存下来，打算另
行发表在第十卷中。

哈耶克站在经济学和进化论的立场上，对社会主义和市场经
济的不同道德规范的性质、起源和发展进行了评价，一一列举了
他所说的市场这种"扩展秩序"赋予人类的各种不同寻常的力
量——形成文明并促进其发展。哈耶克还以一种有时让人不免想
起弗洛伊德的《文明及其不满》的方式——不过得出的结论大
不相同——评价了这种文明的得失，以及市场秩序一旦受到破坏
将会产生的后果。他的结论是："单靠事实绝不能定是非，但是
如果在什么合理、什么正确和有益的问题上认识有误，却会改变
事实和我们生存于其中的环境，甚至有可能不但毁灭已经得到发
展的个人、建筑、艺术和城市（我们早就知道，在各种类型的
道德观念和意识形态的破坏性力量面前，它们是十分脆弱的），
并且会毁灭各种传统、制度和相互关系，而离了这些东西，几乎
不可能出现以上成就，或使它们得到恢复。"

二

出版《哈耶克全集》，是为了让读者能够真正第一次读到他
的全部著作。编辑方式是以主题为主，在这一布局之内，如果有
可能，也遵循编年的顺序。

《全集》以密切相关的两部论述社会科学中理性与计划的局
限性的著作打头，即新作《致命的自负》，和过去从未在英国出
版过的《理性之用途及其滥用：科学的反革命和相关论文》一
书。然后是两本史学和传记文集（《经济思想的趋势：从培根到
坎南》、《奥地利学派与自由主义的命运》）。这两卷中的文章过

去从未结集出版，其中一半以上以往只有德文可以利用，而前一卷中大约有四分之一是来自过去从未发表过的重要手稿。

接下来的四卷包括了哈耶克的大部分经济学著作:《各国与黄金》、《货币与各国》、《经济学研究》和《货币理论与产业波动》。

然后是三卷文献、历史记录和论战文章:《同凯恩斯和剑桥的论战》、《同社会主义的论战》以及著名的《卡尔·波普尔与哈耶克通信集》。这两个亲密的朋友和思想伙伴之间延续了50年的通信，就哲学、方法论以及我们时代的许多主要问题做了深入的辩论。

在这几卷文献之后，是两部哈耶克的新文集和一本涉及理论与实践问题的访谈与非正式的讲话:《与哈耶克对话》，希望以此使他的思想得到更为广泛的阅读。

以上14卷利用了存于斯坦福大学胡佛战争、革命与和平研究所的大量哈耶克档案资料，并且其中大多数是根据这些档案整理而成，同时也利用了与此密切相关的马赫鲁普档案和波普尔档案。世界各地其他丰富的档案资料也会加以利用。《全集》中的第一卷《致命的自负》属于哈耶克的新作，当然也就免除了做重大加工的必要。后面的各卷将以经过勘误、修订和增加注释的形式出版，并请杰出学者作序，说明它们的历史和理论背景。

《全集》的最后各卷是哈耶克的经典著作，包括《通往奴役之路》、《个人主义和经济秩序》、《自由宪章》和《法律、立法与自由》。这些著作目前仍有其他版本可读。估计出齐这部全集需要10到12年的时间。

编者愿意本着认真负责的态度，尽可能使这套全集完整无缺。因此，形式上略有不同或以不同语言发表的文章，全部以英语或英语译文出版，并且总是采用其最为完整的定稿，除非那些变化或由此而产生的时间差别具有理论或历史意义。一些只有一时价值的短论，如简短的报评和哈耶克编辑《经济学》杂志时写下的几行图书评注，都会被删除。当然，发表的信札主要是那些对哈耶克在经济学、心理学、生平事迹以及政治理论和哲学上的文字和理论工作有意义的部分。编辑各卷所使用的材料，以及被删除的少数短文，学者们都可以在胡佛研究所找到。

三

整理出这样一部标准版的全集，是件既浩大又费钱的工作。为此提供了极大的帮助，因而首先最应给予感谢的人是斯坦福大学胡佛战争、革命及和平研究所所长 W. G. 坎贝尔，他慷慨地同意为这项计划以及编者撰写哈耶克传提供最基本的支持。幕后主持着这项巨大计划的天才是维拉和沃尔特基金会的沃尔特·S. 莫里斯，没有他的建议与资助，这一计划便难以组织和实施。另外两家研究所，即乔治·梅森大学的人文研究所和伦敦的经济事务研究所，它们的所长一直十分关心这一计划的实施，并提供了宝贵的建议。编者尤其要感谢人文研究所的莱昂纳德·P. 李齐奥、沃尔特·格林德和约翰·布伦德尔，以及经济事务研究所的哈里斯爵士和约翰·B. 伍德。伦敦罗特列杰·基根·保罗出版公司的诺曼·富兰克林多年来一直是哈耶克的出版商，他始终如一的支持与建议也有着同样重要的价值。最后，如果没有那些赞助组织的资助——它们的名字已列在本卷的卷首——这一计划是不可能成功实施的，所有参与这一卷工作的人都对它们怀有深深的谢意。这些赞助者的支持——来自四个大陆的研究所和基金会——不但证明了哈耶克著作的国际声望，也为哈耶克所说的"人类合作的扩展秩序"提供了十分生动的写照。编者也希望向设在加利福尼亚索萨利托的维纳·埃哈德基金会和西德（现为德国的一部分——译者）科隆的狄森基金会对这一计划的帮助表示感谢。

W. W. 巴特利三世

自由，并不像这个名称本来的含义可能显示的那样，是指摆脱了一切限制，而是指使一切公正的限制最有效地适用于自由社会的全体成员，不管他们是权贵还是平民。

　　　　　　　　　　　　　　　　——亚当·弗格森

　　道德准则并不是我们的理性得出的结论。

　　　　　　　　　　　　　　　　——大卫·休谟

　　如果不存在建立服务于共同福祉并对其发展至关重要的各种制度的共同愿望，那么如何才能使这些制度产生？

　　　　　　　　　　　　　　　　——卡尔·门格尔

序

我在本书中采用了两条原则。它没有脚注,凡是对主要结论无足轻重,但专业人士会感兴趣甚至认为十分重要的论证,我或是用小号字体表示,以提醒一般读者,他可以忽略这些论证,并不会因此错过主要结论所依据的要点;或是把它们集中在"补论"里。

因此,书中引用或提到的著作,通常只在括号内列出作者的姓名和(在正文不明确的情况下)出版日期,必要时在冒号之后标明页码,读者可据此查找书后的作者书目。如果使用的是一部著作的新版本,则新版日期以"1786/1973"的形式表示,其中前一个日期是初版日期。

一个人即使列出他赖以获得个人知识和看法的全部著作,也不足以道尽他在漫长的治学生涯中承受的恩惠,更遑论编一份目录,把他所知道的、若想声称有资格涉足本书所讨论的这个广阔领域就必须研习的著作全部囊括其中。对于我本人多年来基本上致力于同一个目标这一过程中得到的帮助,我不想一一列举。不过我希望向库比特(Charlotte Cubitt)小姐深表谢意,写作本书的那段时光,她一直是我的助手,没有她专心致志的帮助,本书也不可能完成。我还要感谢斯坦福大学胡佛研究所的巴特利三世(W. W. Bartley, III)教授,当我临近完成最后的草稿却患病不起时,他接过了这部书稿,为出版社对它进行了整理。

F. A. 哈耶克

1988 年 4 月　于弗莱堡

导论：社会主义是个错误吗？

> 社会主义观念一度既崇高又简单……实际上我们可以说，它是人类精神最具雄心的产物……它如此壮丽，如此大胆，理所当然激起了最伟大的憧憬。如果我们想把世界从野蛮中拯救出来，我们就必须驳倒社会主义，我们不能心不在焉地对它置之不理。
>
> ——路德维希·冯·米瑟斯

本书所要论证的是，我们的文明，不管是它的起源还是它的维持，都取决于这样一件事情，它的准确表述，就是人类合作的扩展秩序。这种秩序的更为常见但会让人产生一定误解的称呼是资本主义。为了理解我们的文明，我们必须明白，这种扩展秩序并不是人类的设计或意图造成的结果，而是一个自发的产物：它是从无意之间遵守某些传统的、主要是道德方面的做法中产生的，其中许多这种做法人们并不喜欢，他们通常不理解它的含义，也不能证明它的正确，但是透过恰好遵循了这些做法的群体中的一个进化选择过程——人口和财富的相对增加——它们相当迅速地传播开来。这些群体不知不觉地、迟疑不决地、甚至是痛苦地采用了这些做法，使他们共同扩大了他们利用一切有价值的信息的机会，使他们能够"在大地上劳有所获，繁衍生息，人丁兴旺，物产丰盈"（《旧约·创世记》1：28）。大概这个过程是人类进化中得到正确评价最少的一个方面。

社会主义者对这些事情有不同的看法。他们不但结论不同，甚至对事实的看法也不同。社会主义者搞错了事实，这一点对我的论证至关重要，下面将就此展开讨论。我打算承认，如果社会主义者对现存经济秩序的运行和可能的替代方案做出的分析，从事实角度讲是正确的，那么我们大概不得不相信，根据某些道德原则进行收入分配，而且只有授权一个中央政权来支配现有资源的用途，才能够进行这种分配，这有可能是消灭生产资料个人所有的前提。即使通过集中支配生产资料所能生产出的集体产品，至少同我们现在所产生的数量一样多，如何进行公正的分配仍会是个严重的道德难题。然而我们并没有陷入这种处境。因为除了让产品在竞争性市场中进行分配之外，尚不知有什么其他方法能够告诉个人，他们该为各自的努力确定什么方向，才能为总产量做出最大限度的贡献。

我的论证的要点是，以赞成竞争性市场造成的自发的人类扩展秩序的人为一方，以要求在集体支配现有资源的基础上让一个中央政权任意安排人类交往的人为另一方，他们之间发生的冲突，是因为后者在有关这些资源的知识如何产生、如何能够产生以及如何才能得到利用的问题上，犯下了事实方面的错误。作为一个事实问题，必须用科学研究来解决这一冲突。这种研究证明，通过遵守决定着竞争性市场秩序的、自发产生的道德传统（与大多数社会主义者所服膺的理性主义教条或规范不相符的传统），我们所生产并蓄积起来的知识与财富，要大于那些自称严格遵循"理性"办事的人所鼓吹的中央指令式经济所能得到或利用的数量。因此，社会主义不可能达到或贯彻它的目标和计划；进而言之，它们甚至在逻辑上也是不能成立的。

这就是为何与经常有人所持的立场相反，这些问题不单纯是涉及到利益或价值判断的问题。人们如何逐渐接受了某些价值或规范，它们如何作用于这些人的文明，这个问题本身当然首先是个和事实有关的问题，也是本书的中心问题，其中前三章勾画出了这个问题的答案。使文明成为可能的是扩展秩序，社会主义的要求不是从形成这种秩序的传统中得出的道德结论。相反，它们竭力想利用某种理性设计的道德体系去颠覆这一传统，而这种体系的号召力所依靠的，是它许诺的结果对人类本能具有号召力。它认为，既然人们能生成某些协调他们行为的规则系统，因此他们也必定能够设计出更好的、更令人满意的系统。但是，如果人类的生存依赖一种特定的、受规则支配的、其效果已得到验证的行为方式，那么他当然不会仅仅为了眼前一时的好处，便去选择另一种行为方式。市场秩序和社会主义之间的争论，不亚于一个生死存亡的问题。遵循社会主义道德，将会使目前人类中的许多人遭到毁灭，使另外许多人陷入贫困。

所有这一切，提出了一个我希望从本书一开始便要加以澄清的重要问题。虽然我攻击社会主义者一方在理性上的专断态度，但我的论证并不反对正确运用理性。所谓"正确运用理性"，我是指那种承认自我局限性的理性，进行自我教育的理性，它要正视经济学和生物学所揭示的令人惊奇的事实所包含的意义，即在未经设计的情况下生成的秩序，能够大大超越人们自觉追求的计划。一本论证社会主义在事实上甚至逻辑上站不住脚的著作，怎么会抨击理性呢？我也不想否认，若是抱着审慎谦恭的态度，采取点滴改进的方式，理性可以在评价、批判和摒弃传统制度与道德原则上发挥指导作用。就像我早先的研究一样，本书所反对的是指导着社会主义的那些由来已久的理性规范，即我认为体现着一种幼稚而无批判性的理性学说的规范，一种我称之为"建构论理性主义"（1973）的陈旧而反科学的方法论。

因此我不想否认，理性具有改进各种规范和制度的能力，更不打算认为，对于如今被普遍理解为以"社会公正"为取向的我们的整个道德体系，不可能进行改造。但是，我们只有检视一种道德体系的各个部分，才能做到这一点。如果这种道德虚妄地认为自己能够做到一些根据它的原则和规范它不可能做到的事情，譬如发挥生成和组织知识的功能，那么这种不可能本身就是对该道德体系的一种决定性的合理批驳。抑制这种结果是十分重要的，因为说到底，正是全部争论属于价值判断而非事实问题的观点，阻碍着市场秩序的专业研究人员以足够的力量强调，社会主义不可能做到它所许诺的事情。

我的论证也不表示我没有和社会主义者分享某些广泛持有的价值；下面我将证明，我完全不相信受到广泛接受的"社会公正"这一概念，表达了一种可能的状态，我甚至不相信它是个有意义的概念。我也不像一些鼓吹享乐主义伦理学的人所主张的那样，认为仅仅着眼于可预见的最大满足，我们就能够做出合乎道德的决定。

我的工作起点，完全可以用休谟的一个见解来表示，即"道德准则……并非我们理性的结果"（《人性论》，1739/1886：II：235）。这一见解将在本书中起关键作用，因为它构成了本书所要回答的基本问题，即我们的道德观念如何出现和如何才能出现，以及它的产生方式对我们的经济和政治生活意味着什么。

资本主义在利用分散的知识方面有着更为优越的能力，因此我们只能维护资本主义，这种观点提出了我们是如何实现这种无可替代的经济秩序的问题——尤其是有鉴于我认为强烈的本能和理性主义冲动会颠覆资本主义所需的道德和制度，这一问题就显得尤为重要。

前三章就这个问题做出的回答，是建立在经济学所熟知的古老观点上，即我们的价值和制度不单是由既往的原因所决定，而且也是对一种结构或模式不自觉地进行自我组织的过程之一部分。这种观点，不仅在经济学中，而且在一个广大的领域，即今天人们所说的生物科学中，都是正确的。这种见解不过是一个不断成长壮大的理论家族中的第一个成员，它在说明复杂结构时是着眼于某些过程，这些过程超越了我们观察所有种种具体情势的能力，并且这些具体情势对这些过程的具体表现起着决定性的作用。我最初开始工作时，感到自己在研究这种自我维持秩序的高度复杂的进化形式方面，几乎是在孤军奋战。但是在这段时间，对这类问题的研究——它们有着形形色色的名称，如自发生成论、控制论、内生平衡、自发秩序、自组织、协同论、系统论，等等——变得如此之多，使我只能对其中很少一部分有细致的了解。因此，本书只能说是为一个不断壮大的潮流尽了绵薄之力。这一潮流明显地导致了一种进化论的（但肯定不是简单的社会达尔文主义的）伦理学的逐渐发展，它堪与已经十分先进的进化论的认识论媲美，并对后者有所帮助，但它们之间又有明显的区别。

虽然本书因此引起了一些棘手的科学和哲学问题，不过它的主要任务仍然是要证明，我们这个时代最有影响的政治运动之一，即社会主义，显然是建立在一些错误的前提上，尽管它有可能出自一些良好的愿望，并有我们时代一些最聪明的代表人物从中领导，它却威胁着我们现有人口中占很大比例的一部分人的生活水平，甚至他们的生命本身。第四章到第六章对这个问题进行了论证，在这一部分，我评价和驳斥了社会主义者对我在前三章对我们文明的发展和维持的解释提出的挑战。在第七章我转向我们的语言，希望以此说明社会主义的影响对它造成了怎样的破坏，以及我们必须多么小心地不要让自己在这种语言的诱惑下，也陷入社会主义的思维方式。在第八章我讨论了不但社会主义者，而且另一些人也会提出的一种反对意见，即人口爆炸削弱了我的论点。最后，在第九章，我对宗教在我们道德传统的发展中所发挥的作用做了简短的评论。

既然进化论在本书中起着至关重要的作用，因此我应当指出，近年来在导致更好地理解知识的成长和作用（波普尔，1934/1959）以及各种各样复杂的自发秩序（哈耶克，1964，1973，1976，1979）方面令人鼓舞的进展之一，是进化论的认识论的发展（坎贝尔，1977，1987；拉德尼茨基和巴特利，1987），这是一种把理性及其产物理解成进化过程的知识理论。我在本书中还谈到了一些相关问题，它们虽然极其重要，但基本上仍然没有得到人们的重视。

我主张，我们不但要有进化论的认识论，还要有道德传统的一种进化论解释，它的特点应与现有理论有所不同。当然，人类交往的传统规则，就像语言、法律、市场和货币一样，都是一些萌发进化论思想的领域。伦理学是最后一座要塞，人类现在必须放下架子，承认它也是起源于进化。这种道德进化论显然正在形成，它的基本观点就是，我们的道德既非出自本能，也不是来自理性的创造，而是一种特殊的传统——就像第一章的标题所示，它处在"本能和理性之间"——一种极其重要性的传统，它能够使我们超越自己的理性能力，适应各种问题和环境。我们的道德传统，就像我们文化中许多其他方面一样，并不是我们理性的产物，而是与我们的理性同时发展的。有些人也许会对这种说法感到奇怪或不解，但是这些道德传统的确超越了理性的局限。

第一章　在本能和理性之间

习惯近乎是人的第二本性。

——西塞罗

我们所谓来自天性的良心，是从习惯中诞生的。

——蒙田

我胸中居住着两个灵魂，它们总想彼此分离。

——歌德

生物进化和文化进化

在早期思想家看来，人类活动存在着一种超出有条理的头脑的想像范围的秩序，似乎是件不可能的事情。甚至亚里士多德这位相对而言较晚近的人物，也相信人类之间的秩序只能扩展到传令官声音所及的范围之内（《伦理学》，IX，x），因此一个拥有10万人的国家是不可能的。然而，亚里士多德认为不可能的事情，在他写下这些话的时候就已经发生了。亚里士多德虽然作为一个科学家成就斐然，当他把人类秩序局限在传令官声音所及的范围时，他的言论所依据的却是自己的本能，而不是他的观察和思考。

这种念头是可以理解的，因为在亚里士多德时代以前很久便已得到充分发展的人类本能，并不是因为他现在生活于其中的环境或成员而产生的。这些本能适用于流动的小部落或群体的生活，人类及其前辈就是在这些群体中演化了数十万年，形成了人类基本的生物学构造。这些由遗传而得到继承的本能，主导着一个群体内的合作，而这种合作必然范围狭小，仅限于相互了解和信任的同胞之间的交往。这些原始人受眼前的共同目标支配，对他们环境中的危险和机会——主要是食物来源和藏身之地——有着相似的感受。他们不但能够听到自己的传令官，他们通常还认识他这个人。

虽然更为丰富的阅历会使这些群体中一些较年长者取得一定的权威，但主要是共同的目标和感受支配着其成员的活动。休戚与共和利他主义的本能，对这些协作方式起着决定性作用。这些本能适用于自己团体中的成员，却不适用于外人。因此这些小团体中的成员只能以如下方式生存：孤立的人不久就会成为死人。可见霍布斯讲述的原始人的个人主义，纯属无稽之谈。野蛮人并不是孤立的人，他的本能是集体主义的。根本就不存在"一切人反对一切人的战争"。

当然，假如我们现在的秩序尚未存在，我们大概也难以相信任何这样的事情有可能产生，我们会不经意地把任何有关这种秩序的记载视为天方夜谭，认为它不过是在讲述一些不可能发生的事情。这种不寻常的秩序的形成，以及存在着目前这种规模和结构的人类，其主要原因就在于一些逐渐演化出来的人类行为规则，特别是有关私有财产、诚信、契约、交换、贸易、竞争、收获和私生活的规则。它们不是通过本能，而是经由传统、教育和模仿代代相传，其主要内容则是一些划定了个人决定之可调整范围的禁令（"不得如何"）。人类通过发展和学会遵守一些往往禁止他按本能行事的规则（先是在狭小的部落里，然后又扩展到更大的范围），从而不再依靠对事物的共同感受，由此建立了文明。这些规则实际上构成了另一种新道德，我愿意用"道德"一词来定义它，它制止或限制了"自然道德"，即让小群体聚集在一起并保证该群体内部进行合作的本能，其代价则是阻止或堵塞了它的扩展。

我愿意用"道德"一词来定义那些非本能的规则，它使人类能够扩展出广泛的秩序，因为道德规则的概念，只有把它一方面同冲动和不假思索的行为相对照，另一方面同对特定结果的理性思考相比较时，才是有意义的。本能的反应不具备道德属性，用"利他主义"之类概念来说明这种反应的"社会生物学家"（如果他们想做到前后一致，就应当把性交看做最利他主义的行为），显然是错误的。只有当我们的意思是，我们"应当"遵守利他主义情感时，利他主义才成了一个道德概念。

当然可以认为，这很难被说成是利用这些概念的唯一方式。曼德维尔认为"把我们变成社会动物的伟大原理，支撑着生活的一切生意和行业的牢固基础，无一例外全是罪恶"（1715/1924），这让他的同代人义愤填膺，他的确切意思是，扩展秩序中的规则与把小团体结合在一起的本能直觉是相互冲突的。

一旦我们不把道德规则视为内在本能，而是把它视为通过学习得到的传统，它们与我们一般所说的感情、情感或感觉之间的关系，便会引起各种有趣的问题。例如，虽然道德规则是通过学习得到的，但它未必总是会像明确的规则那样发挥作用，它可以像本能一样，也表现为对某些行为模糊的厌恶或不快。这种感觉经常告诉我们如何对内在的本能冲动做出选择。

有人也许会问，对本能的要求施加的限制，如何能对更多成员的行为进行协调呢？举例来说，不断地服从像对待自己的邻人那样对待一切人这种要求，会使扩展秩序的发展受到阻碍。因为如今生活在这种扩展秩序里的人取得利益，并不是因为他们互以邻居相待，而是因为他们在相互交往中采用了扩展秩序的规则，譬如有关分立的财产和契约的规则，代替了那些休戚与共和利他主义的规则。人人待人如待己的秩序，会是一种相对而言只能让很少人有所收获和人丁兴旺的秩序。这样说吧，如果对媒体轰炸向我们发出的一切爱心呼吁全都做出反应，就会造成沉重的费用，使我们无法再去做那些我们最有能力从事的工作，并且很可能会使我们沦为某些特殊利益集团或有关特定需要之相对重要性的特殊立场的工具。这不会给我们有着合理关切的那些不幸提供正确的改进之道。同理，要想让统一的抽象规则适用于一切人的关系，让它超越各种界线，甚至国家间的界线，则必须扼制对外人本能的进攻性。

因此，为了形成超越个人的合作模式或系统，要求每个人改变他们对他人的"出于天性的"或"本能的"反应，而这是件受到强烈抵抗的事情。这种与天生的本能，即曼德维尔所说的"私心之恶"的冲突，可以变为"公益"；人们为了使扩展秩序得到发展，必须限制某些"善良的"本能，这就是后来又变成冲突来源的结论。例如，卢梭是站在"天性"一边的，虽然他的同代人休谟明确说过，"如此高贵的情感（譬如乐善好施），就像与此几乎完全相反的事情即非常狭隘的私心一样，并没有让人们适应大社会"（1739/1886：II，270）。

必须一再强调的是，人们痛恨对小团体中的习惯做法的限制。因为我们就会知道，遵守限制的个人，虽然他的生活要取决这些限制，但是他并不理解，一般说来也无法理解，它们如何发挥作用或如何造福于他。他知道许许多多他认为自己需要的东西，却不允许他去拿到它们，他搞不清楚，他所处的环境中另一些有利的特点，为何取决于他必须服从的纪律——禁止他僭取这些同样有吸引力的东西的纪律。我们非常不喜欢这些限制，但很难说我们能够选择它们，倒不如说是这些限制选择了我们：它们使我们得以生存。

许多抽象规则，譬如对待个人责任和分立的财产的规则，都与经济学有关，此事并非偶然。经济学历来研究的就是，一个大大超出我们的视野或设计能力的甄别和选择的变异过程，如何产生出了人类交往的扩展秩序。亚当·斯密首先领悟到，我们碰巧找到了一些使人类的经济合作井然有序的方法，它处在我们的知识和理解的范围之外。他的"看不见的手"，大概最好应当被说成是一种看不见的或难以全部掌握的模式。我们在自己既不十分了解、其结果也并非出自我们的设想的环境引导下——譬如通过市场交换中的价格机制——去做某些事情。在我们的经济活动中，我们既不了解我们所满足的那些需求，也不了解我们所获得的物品的来源。我们所服务的人，我们几乎全不认识，甚至我们不在乎他们的生存。同时我们的生活，也要依靠不断接受另一些我们一无所知的人所提供的服务。这些事情之所以成为可能，不过是因为我们处在一个巨大的制度和传统架构——经济的、法律的和道德的——之中，我们通过服从某些并非由我们制定、从我们了解自己制造的东西的功用这个意义上说我们也并不理解的行为规则，使自己适应了这个架构。

现代经济学解释了这种扩展秩序如何能够产生的原因，以及它自身如何形成了一个信息收集的过程，它能够使广泛散布的信息公之于众并使其得到利用，这些信息不用说哪个个人，即使是任何中央计划机构，也是无法全部知道、占有或控制的。斯密明白，人的知识是分散的。他写道，"他的资本能用于哪一类国内产业，哪些产品有可能具有最大价值，显然，每个人在自己所处的环境下做出的判断，会大大优于任何政治家或立法者能够为他做出的判断"（1776/1976：II，487）。或者像一位19世纪头脑敏锐的经济思想家所言，经营所需要的"有关成百上千个具体事物的琐细知识，也只有可以从中获利的人才会去学习"（贝利，1840：3）。像市场这种收集信息的制度，使我们可以利用分散而难以全面了解的知识，由此形成了一种超越个人的模式。在以这种模式为基础的制度和传统产生之后，人们再无必要（像小团体那样）在统一的目标上求得一致，因为广泛分散的知识和技能，现在可以随时被用于各不相同的目标。

这种发展在经济学中就像在生物学中一样明显。甚至在生物学领域，从严格意义上说，"进化的改变普遍趋向于最经济地利用资源"，因此"进化也是'盲目地'遵循着资源利用最大化的途径"（霍华德，1982：83）。此外，一位现代生物学家也正确地指出，"伦理学就是对资源分配的研究"（哈丁，1980：3）。所有这些言论都指出了进化论、生物学和伦理学有着密切的相互关系。

秩序（order），就像它的近义词"系统""结构"和"模式"一样，是个难以把握的概念。我们需要对两种既有所不同又相互联系的秩序概念加以区分。作为一个动词或名词，"order"既可以用来指根据我们的感觉从不同方面对物体或事件加以排列或划分的精神活动的结果，譬如科学对感性世界的重新排列向我们表明的情况（哈耶克，1952），也可以指人们设想客体或事件在一定时间内所具有的、或人们赋予它的一定的物质格局（physical arrangements），"regularity"（规律）源于拉丁语中用来表示规则的"regula"一词，它当然不过是同样的因素之间的关系表现出的不同的时空方面。

记住这一区分，我们可以说人类获得了建立事实上的秩序格局以服务于其各种需要的能力，因为他们学会了根据各种不同的原则，把他们从环境中得到的感官刺激因素（senory stimuli）加以秩序化，把重组的格局叠置于（superimposed over）由感觉和直觉所造成的秩序或分类之上。秩序化是从划分客体和事件的意义上说，主动对它们重新加以安排，使其产生可取的结果。

我们主要利用语言学会了对客体进行分类，我们不但用它去标明已知的各种客体，而且用它标识我们所认为的各种相同或不同的客体或事件。我们也从习惯、道德和法律中了解不同的行为会产生的预期后果。例如，在市场交往中形成的价值或价格，被证明可以进一步成为根据行为对秩序的重要性对这些行为进行分类的手段；在这个秩序中，个人仅仅是整体中的一个因素，而这个整体绝不是由他创造的。

扩展秩序当然不是一下子出现的；这个过程与它最终发展出的世界范围的文明所能够给予人的提示相比，其持续的时间要长得多，它所产生的形态变异也要大得多（大概用了几十万年而不是五六千年的时间）；市场秩序只是相对晚近的产物。这种秩序中的各种结构、传统、制度和其他成分，是在对各种行为的习惯方式进行选择中逐渐产生的。这些新的规则得以传播，并不是因为人们认识到它们更为有效，或能够估计到它会得到扩展，而是因为它们使遵守规则的群体能够更成功地繁衍生息，并且能够把外人也吸收进来。

可见，这种进化是新的行为方式利用习惯的传播过程得到了扩散而产生的，它类似于生物进化，但在某些重要方面又和它有所不同。下面我将讨论它们的一些相似之处和不同之处，不过这里应当指出，生物进化是个极为缓慢的过程，因而它在文明得到发展的一两万年的时间里，并不足以改变或代替人们天生的反应方式，至于那些其祖先只是在几百年前才加入这个过程的大量成员，这种极缓慢的过程就更不足以对他们产生什么影响了。但是就我们所知，一切新近开化的群体，都表现出一种通过学习某些传统而获得文明的能力。由此可见，文明和文化的传递，几乎不可能受遗传的决定。它们必定是被所有类似的人通过传统而学会的。

就我所知，最早对这些现象做出明确阐述的是卡尔—桑德斯，他曾写道，"人和群体是依照他们遵守的习惯得到自然的选择，正像他们也根据精神和生理特征得到选择一样。遵行最有利的习惯方式的群体，在相互毗邻的群体之间不断的斗争中，会比那些行为方式不利的群体占有优势"（1922：223，302）。不过卡尔—桑德斯强调的是限制人口而非增加人口的能力。较为晚近的研究见阿兰德（1967）；法布（1968：13）；辛普森反对生物学的观点，认为文化是"更为强大的适应手段"（见 B. 坎贝尔，1972）；波普尔认为，"文化进化通过另一些方式继续着遗传进化的过程"（波普尔等，1977：48）。杜拉姆则强调了（见查哥农等，1979：19）特定的习惯和属性在提高人类生殖能力上的作用。

这种通过学习规则逐渐消除本能反应的过程，使人和动物有了越来越大的区别，尽管喜欢本能的集体行为的禀性，仍然是人类所保留的若干动物特征之一（特罗特，1916）。甚至人类的动物先祖，在它们通过模仿变成现代人之前，就已经具有了一些"文化"传统。这种文化传统也有助于某些动物社会的形成，譬如在鸟类和猿类中间，甚至很可能还有另外许多哺乳类动物（邦纳，1980）。不过，从动物到人的决定性变化，要归因于由文化决定的对本能反应的限制。

这些通过学习得到的规则，个人逐渐习惯于服从，甚至像遗传本能那样成了一种无意识行为，它们日益取代了那些本能，然而我们无法对决定着行为的这两种因素做出明确的区分，因为它们以复杂的方式相互发生作用。在幼儿期就学会的行为方式，已经变成了我们人格的一部分，在我们开始学习时便支配着我们。甚至人体都会出现某些结构上的变化，因为它们有助于人类更充分地利用文化发展所提供的机会。被我们称为"智力"的抽象结构，在多大程度上来自遗传并内在于我们中枢神经的生理结构之中，或者它不过是个使我们能够吸收文化传统的容器，就我们这里的讨论而言是无关紧要的。遗传传递和文化传递的结果都可以称为传统。重要的是，它们之间往往以上面提到过的方式发生冲突。

甚至某些几乎有着普遍性的文化特征，也无法证明它们是由遗传决定的。有可能恰好存在着一种可以满足形成扩展秩序的要求的方式，正像翅膀是能够让有机体飞翔的唯一手段一样（昆虫、鸟类和蝙蝠的翅膀有着十分不同的遗传来源）。也可能从根本上说只存在着一种发展有声语言的方式，因此存在着一切语言都具有的某些共同属性，这种现象本身也不能证明，这些属性是归因于本能的特征。

既合作又冲突的两种道德

文化的进化，以及它所创造的文明，虽然为人类带来了分化、个体化、越来越多的财富和巨大的扩张，但是它逐渐产生的过程并非一帆风顺。我们并没有摆脱我们从人人相识的小群体那儿得到的遗产，这些本能也没有"调整"得完全适应相对较新的扩展秩序，或因为这一秩序而变得无害。

不过也不能忽视有些延续下来的本能是有利的，其中包括至少部分地消除了另一些本能模式的特殊属性。例如，当文化开始消除一些本能的行为模式时，遗传进化大概也赋予了人类个体许多不同的特征，它们能够更好地适应人类较之任何其他非家庭动物更为深入其中的许多不同环境——甚至在群体中日益发展的分工为特殊形态提供了新的生存机会之前，大概就已经如此了。在这些有助于消除另一些本能的内在特性中，最重要的是向自己的同胞学习——尤其是利用模仿——的巨大能力。提供这种能力的漫长的幼儿期和青春期，很可能是生物进化过程所决定的关键性最后一步。

然而，组成扩展秩序结构的，不但有个体，还有许多常常相互重叠的次级秩序，在这些秩序中，古老的本能反应，如休戚与共和利他主义，在促成自愿合作方面继续保持着一定的重要性，尽管它们本身并不能给更加扩展的秩序创造基础。我们现在的一部分困难在于，为了能够遵守不同的规则，同时生活在不同类型的秩序中，我们必须不断地调整我们的生活、我们的思想和我们的感情。如果我们把微观组织（例如小部落或小群体或我们家庭）中的那种一成不变的、不加限制的规则，用于宏观组织（如我们更为广大的文明）——我们的本能和情感欲望经常使我们愿意这样做——我们就会毁了它。但是，假如我们总是把扩展

秩序中的规则用于我们较为亲密的群体，我们也会使它陷入四分
五裂。因此，我们必须学会同时在两个世界里生活。用"社会"
一词来指这两种组织，甚至只用它来指其中之一，几乎没有任何
好处，这最容易让人产生误解（见第七章）。

我们同时生活于两种秩序之中并将它们加以区分的有限能
力，虽然具有某些优势，然而这绝不是件容易做到的事情。我们
的本能的确常有倾覆整座大厦之虞。因此从一定意义上说，本书
的主题类似于弗洛伊德的《文明及其不满》（1930），虽然我的
结论和他大不相同。在人的本能偏好和使他们得以扩展的通过学
习得到的行为规则之间的冲突，即 D. T. 坎贝尔所谓的由"压抑
性或禁忌性道德传统"中的清规戒律引起的冲突，大概是文明
史中的一个主要问题。当哥伦布遇到野蛮人时，似乎立刻就认识
到他们的生活更多地满足着人类的内在本能。下面我将做出论
证，我认为渴望高尚的原始人生活这种返祖感情，是集体主义传
统的主要根源。

不适应扩展秩序的自然人

难以指望人们会喜欢和他们某些最强烈的本能正相抵触的扩
展秩序，或他们会很容易认识到这种秩序为他们带来了他们所向
往的物质上的舒适。这种秩序，从它不符合人类的生物学禀性这
个一般意义上说，永远是一种"非自然的"秩序。因此，人类
在扩展秩序中所做的许多好事，并不因为他们天性善良；不过，
基于这个原因便把文明贬低为一种人为的产物却是愚蠢的。只有
从我们的大多数价值、我们的语言、我们的艺术和我们的理性出
自人为这个意义说，文明是人为的产物这种说法才是有意义的：
它们不是经由遗传存在于我们的生理结构中。但是从另一种意义
上说，扩展秩序完全是自然的产物：就像类似的生物现象一样，

它是在自然选择过程中，通过自然进化而形成自身的（见附录A）。

　　不错，我们日常生活中的大部分内容，以及从事的大多数职业，都很难满足内心深处那种直接行善的"利他主义"愿望。恰恰相反，得到承认的行为方式，经常要求我们不要去做那些我们的本能促使我们做的事情。相互之间存在着很大冲突的，并不像人们经常认为的那样，是在感情和理性之间，而是在内在本能和通过学习得到的规则之间。不过我们应当理解，同具体的个人可以采取的大多数直接的"利他主义"行为相比，遵守这些通过学习得到的规则的确会产生一种带来更大利益的普遍作用。

　　人们对市场秩序的原理知之甚少，"合作胜过竞争"这种普遍观点便是一个明显的标志。合作就像休戚与共一样，在很大程度上要以在目标及其手段上取得一致为前提。在一个成员有着共同的具体习惯、知识，对各种可能性有相同看法的小团体里，这样说是有意义的。如果问题在于适应未知的环境，它便没有多少意义了。但是，在扩展秩序中各种努力的相互协调所依靠的，正是这种对未知世界的适应能力。竞争是个发现的过程，是一种包含着所有进化过程的方法，它使人类不知不觉地对新情况做出反应；我们是通过进一步的竞争，而不是通过合作，逐渐提高了我们的效率。

　　为了使竞争造成有利的结果，要求参与者遵守规则，而不是诉诸武力。唯有规则能够结成一种扩展秩序。（只有在对所有人形成共同威胁的暂时紧急状态中，相同的目标才能够做到这一点。"战时同仇敌忾的道德"能够唤起休戚与共的感情，但这也是向更野蛮的合作原则的倒退。）在自发秩序中，为了让人们各得其所，不需要任何人对应当追求的一切目标以及采用的一切手段了解得一清二楚。这种秩序是自己形成的。在调整中产生出秩序的各种规则，它们的出现并不是因为人们对其作用有了更好的了解，而是因为那些繁荣兴旺的群体恰好以一种增强了他们适应力的方式对规则进行了改进。这个进化过程并不是直线式的，而是在包含着不同秩序的领域不断试错、不断"试验"的结果。当然，并不存在试验的意图——规则的变化是由历史机遇引起的，它类似于遗传变异，其作用也大体相同。

规则的进化远不是一帆风顺，因为贯彻这些规则的力量，一般而言会抵抗而不是协助同传统的对错观相抵触的变化。反过来说，新近学会的规则，是经过一番斗争才被人们所接受，贯彻起来有时又会阻碍进一步的进化，或对协调个人努力的力量的进一步扩展形成限制。握有强制力的政权，虽然一刻不停地传播在统治集团中得到赞同的道德观，但是它却极少主动去促进这种协调力量的扩展。

因此证明，同文明的约束相对立的感情是不合时宜的，它只适用于那些遥远过去的群体的规模和所处的环境。但是，假如文明是由道德观的一些未被欲求的逐渐变化造成的，那么我们也就根本不可能知道有什么普遍正确的伦理学体系，大概我们并不愿接受这样的结论。假如死板地从这种进化论的前提中得出结论说，无论演化出什么规则，总会或必然会有利于遵循它们的人口的生存和增长，却是错误的。我们需要借助经济分析的手段（见第五章）证明，自发产生的规则是如何促进了人类的生存。当然，认识到规则一般是通过竞争，按照它们对人类生存的价值而得到选择，并不能使那些规则免受批判的检验。姑不论其他原因，单就文化进化过程经常受到一些强制性干涉而言，也不能这样说。

不过，理解了文化进化，当然会消减对既有规则进行怀疑所能带来的好处，会让那些希望改进规则的人承担起证明的责任。哪怕无法证明市场制度的优越性，对资本主义的产生之历史的、进化论的考查（譬如第二和第三章中的说明），也会有助于解释这种虽然既不为人们所知也不在人们预料之中，但更有生产效率的传统是如何出现的，以及它们对置身于扩展秩序之中的人具有的深刻意义。不过我想先把横在路上的一个重要障碍清除掉，即在我们采用有利做法的能力的性质方面，广泛存在着一种错误的认识。

智力不是文化进化的向导而是它的产物，它主要是以模仿而不是见识和理性为基础

我们说过，通过模仿进行学习的能力，是我们漫长的本能发展过程所提供的主要好处之一。大概人类个体由遗传赋予的超越了本能反应的最重要能力，就是他能够主要通过模仿式的学习掌握各种技巧。根据这个观点，十分重要的一点就是，首先应当避免那种从我所谓"致命的自负"中产生出的观念：即掌握各种技巧的能力是从理性中产生的。因为也可以换一种说法：我们的理性就像我们的道德观念一样，是一个自然选择的进化过程的产物。但是它并不是从另一种分离的发展中产生的，因此绝不应当认为，我们的理性是处在一个更高的检验者的位置上，只有那些得到理性认可的道德规则才是正确的。

我会在下面几章里对这些问题做出评价，不过这里大概有必要事先说出我的结论。本章的标题——"在本能和理性之间"，只是取其字面含义。我想让读者注意的当然是处在本能和理性之间的东西，在有关的说明中它常常被人忽略，因为人们假定在两者之间没有任何东西。我主要关心的是文化和道德的进化、扩展秩序的进化，它一方面（我们就会看到）超越了本能，并且往往与它对立；另一方面（下面我们也会看到）它又不是理性能够创造或设计的。

我的观点，其中一部分我以前已做过阐述（1952/79，1973，

1976，1979），可以做个简单的概括。学会如何为人处世，与其说是各种见识、理性和理解力的结果，不如说是它们的来源。人并非生下来就聪慧、理性而善良，为了做到这一点，他必须受到教育。创设我们道德的并不是我们的理智；相反，是受着我们道德支配的人类交往，使得理性的成长以及同它结合在一起的各种能力成为可能。人能变得聪明，是因为存在着可供他学习的传统，但这种传统并不是源于对观察到的事实进行理性解释的能力，而是源于做出反应的习惯。它主要是告诉人们，在一定的环境下应当做什么或不应当作什么，但并不告诉他肯定能够期待发生什么。

　　因此我要坦率地说，看到一些有关进化论的著作，我总是忍不住觉得好笑。这些著作，甚至是一些出自伟大科学家笔下的著作，虽然承认过去的一切都是在一个自发的过程中产生的，最后还是经常劝说人们用理性——因为现在事情已变得如此复杂——去把握和控制未来的发展。这种一厢情愿的想法，受到了我曾称之为"建构论理性主义"（1973）的鼓励，它对科学思想大有影响，一位著名的社会主义人类学家写过一本大获成功的书，它的书名便明确地表达了这一点：《人创造自己》（V. 柴尔德，1936），许多社会主义者都把这个标题当作自己的座右铭（海尔布龙纳，1970：106）。这种假设包含着一种不科学的、甚至是泛灵论的观点，认为理性的智慧是在某个阶段进入了正在进化着的人体之内，成为支配文化进一步发展的一种新的积极力量（其实人体是逐渐获得了领悟极为复杂的原理的能力，这使他能够在自己的环境里更为成功地行动）。这种文化进化完全滞后于生物或遗传进化的观点，忽略了进化过程中使理性得以形成的最重要的内容。在进化中创造了自身的理性，现在具有了可以决定自身进一步进化（姑不论那些它同样无法做到的事情）的地位，这种观点有着内在矛盾，因此不堪一驳（见第五章和第六章）。

同文化和进化创造了人的理性的说法相比，以为有思维能力的人创造并控制着自己的文化进化的观点更缺少正确性。在任何情况下，认为自觉的设计在某个时刻露面并取代了进化过程，这种观点是用超自然的假设代替了科学的解释。从科学解释的角度说，并不是我们所谓的理智发展出了文明，更不用说指导进化的方向了，而是理智和文明在同时发展或进化。我们所谓的理智，并非像个人生来就有大脑一样，是他生来便有的东西或是由大脑产生的东西，而是他的遗传组织（例如他的具有一定尺寸和结构的大脑）在他成长的过程中，帮助他从自己的家庭和成年同胞那里吸收不是由遗传传递的传统成果而获得的。从这个意义上说，头脑并没有包含多少可以检证的有关世界的知识，也没有多少对人的环境做出解释的能力，而是包含着不少限制本能的能力——一种无法由个人理性加以检验的能力，因为它是作用于群体。在个人成长环境中形成的理智，反过来又制约着供个人汲取营养的传统之维持、发展、丰富和变异。主要是通过家庭传播，理智保存了丰富的共存并生的脉络，使每个加入群体的新人都可以从中探幽寻宝。甚至可以问，没有机会随时接触这种文化传统的个人，能否说他具有了理智。

正像本能比习俗和传统更久远一样，习俗和传统也比理性更久远：习俗和传统是处在本能和理性之间，无论从逻辑上、心理学上还是时间顺序上说都是如此。它们不是出自有时称为无意识的因素，不是出自直觉，也不是出自理性的理解力。虽然从一定意义上说它们是建立在人类经验的基础上，它们是在这种经验中，通过文化进化的过程而形成的，但是它们并不是通过从有关某些事实或对事物之特定运行方式的理解中得出了合理的结论而形成的。我们的行为虽然受制于我们的所学，但是对于我们所做的事情，我们经常不知道那样做的原因。通过学习得到的道德规则和习俗日益取代了本能反应，但这并不是因为人利用理性认识到了它们的优越之处，而是因为它们使超出个人视野的扩展秩序之发展成为可能，在这种秩序中，更为有效的相互协调使其成员即使十分盲目，也能够养活更多的人口并取代另一些群体。

文化进化机制不是达尔文主义的机制

我们的论证使我们有必要更细致地讨论一下进化论和文化发展的关系。这是个引起不少有趣问题的话题，对于其中的许多问题，经济学都提供了一种鲜有其他学科提出的解答方式。

但是，在这个问题上却存在着严重的混乱，即使只为了提醒读者我们不打算重蹈覆辙，也应当谈谈其中的某些内容。具体说来，社会达尔文主义是从这样一个假设中产生的，即凡是研究人类文化的进化的人，肯定会加入到达尔文那个学派之中。这种假设是错误的。查尔斯·达尔文首先创立了一门系统的（即或是不完善的）进化论，就此而言我对他极为敬佩。但是，他为了说服科学界，对进化过程如何在生物有机体中发挥作用殚精竭虑做出的说明，很久以前便已经是人文学科中的一些老生常谈了——至少从 1787 年以后事情就是如此，这一年威廉·琼斯看出了拉丁语和希腊语同梵语有些惊人的相似之处，以及所有"印—欧"语系的分支都是来自梵语。这个例子提醒我们，达尔文的或生物学的进化论，既不是这类理论中最早的，也不是唯一的，它实际上并非完全自成一体，在某些方面有别于另一些进化论解释。生物进化的观念，是从对一些文化发展过程的研究中诞生的，对于这些过程，例如导致语言、法律、道德原则和货币等各种制度形成的过程，人们早有所知（如琼斯的著作所示）。

可见，当代"社会生物学"的主要错误在于，它假定语言、道德和法律等现象，不是经由模仿式的学习传递在自然选择的进化中产生，而是通过现在由分子生物学阐明的"遗传"过程传递的。这种观点虽然是处在两个极端的另一头，但是它的错误与以下观点并无两样：人类自觉地发明或设计了道德、法律、语言或货币这类制度，因此他也可以对它们随意加以改进。这种观点，即无论我们在哪里发现了秩序，那儿必定存在着某个发号施令的人，是生物学的进化论必须予以驳斥的迷信。我们在这里再次发现，正确的解释是处在本能和理性之间。

不但进化的观念在人文和社会科学中要早于自然科学，我甚至打算证明，达尔文是从经济学那儿得到了进化的基本观念。我们从他的笔记中可知，达尔文在 1838 年构筑自己的理论时，正在读亚当·斯密（见补论 A）。无论如何，早于达尔文的著作几十年甚至一百年，就已有人在研究高度复杂的自发秩序通过进化过程而出现的现象。虽然像"遗传"和"遗传学"这样的词汇，如今已经成为生物学中的专业术语，然而甚至它们也不是由生物学家发明的。我所知道的第一个说过遗传发展的人，是德国哲学家和文化史学家赫尔德。我们在维兰德和洪堡那儿再次看到了这个词。由此可见，现代生物学是从更为久远的文化研究那儿借来了进化的概念。如果从某种意义上说这是人们所熟知的事情，但它也几乎总是被人们忘掉。

当然，文化进化（有时也被称为心理—社会进化、超有机体进化或体外进化）的学说和生物进化学说虽然在某些方面有相似之处，但它们并不完全一样。它们往往以十分不同的假设作为起点。文化进化正像朱利安·赫胥黎所言，是"一个和生物进化极为不同的过程，它有自己的规律、机制和模式，不能单纯从生物学基础上加以解释"（赫胥黎，1947）。不妨举出若干重要的差别：生物进化论现在已排除了后天获得特征的遗传，但是所有的文化发展都是建立在这种遗传上，即那些以指导个人之间相互关系的规则为表现形式的特征，它们并不是个人固有的，而是在学习中掌握的。按现在的生物学讨论所采用的说法，文化进化是在模拟拉马克主义（波普尔，1972）。进一步说，文化进化的产生，不仅通过生理上的双亲，而且通过无数个"祖先"，向个人传递各种习惯和信息。这个过程利用学习手段，加快了文化特性的传播速度。从而正如前面所说，文化进化较之生物进化要快得多。最后，文化进化主要是通过集体选择发挥作用；集体选择是否也在生物进化中发挥作用，仍然是个悬而未决的问题，不过我的论证也不依靠这方面的见解（艾德尔曼，1987；吉塞林，1969：57—9，132—3；哈代，1965：153以下各页，206；迈尔，1970：114；麦达瓦尔，1983：134—5；卢塞，1982：190—5，203—6，235—6）。

邦纳（1980：10）认为，文化"有着和有机体的任何其他功能——例如呼吸和运动——一样的生物学特性"的主张是错误的。把语言、道德、法律、货币甚至智力等传统的形成，一概归于"生物学"名下，是在滥用语言和曲解理论。我们的基因遗传，可以决定我们能够学会什么，但肯定不能决定存在着什么有待学习的传统。有待学习的东西甚至不是人类大脑的产物。不是由基因传递的东西，不属于生物学现象。

尽管有这些差别，一切进化，无论是文化的还是生物的，都是对不可预见的事情、无法预知的环境变化不断适应的过程。这是进化论无法使我们对未来的进化做出合理预测和控制的另一个原因。它所能够做到的，不过是揭示复杂的结构如何具有一种使进化进一步发展的矫正方式，但是这种发展本身难免是不可预测的，这由其性质而定。

在指出了文化进化和生物进化的一些差别之后，我要强调的是，它们在一个重要的方面完全相同：在涉及是否存在支配着进化产物必然经历的各个阶段，因而能够据以预测未来的发展这个意义上的"规律"问题上，无论是生物进化还是文化进化，都不承认有什么"进化规律"或"不可避免的历史发展规律"。不管是遗传还是别的什么因素，都不能决定文化的进化，它的结果是多变的，不是千篇一律的。有些哲学家，如马克思和奥古斯都·孔德之流，认为我们的研究能够找出进化规律，从而可以对不可避免的未来发展做出预测，他们是错误的。过去，进化论的伦理学观点失信于人，主要就是因为它错误地把进化和所谓的"进化规律"联系在了一起，其实进化论必须把这种规律视为不可能而断然予以否认。我曾经说过（1952），对于复杂现象，只能限于我所说的模式预测或原理预测。

这种具体的错误认识的主要来源之一，是混淆了两种全然不同的过程，生物学家分别称之为个体发生的过程和种系发生的过程。个体发生肯定只同事先决定的个体发展有关，它是由胚胎细胞中染色体固有的机制决定的。相反，与进化有关的种系发生，却是同种群或类型的进化史有关。生物学家因为受过训练，一般都会反对把这两者混为一谈，但是那些不熟悉生物学的研究者却经常成为自己无知的牺牲品，得出"历史决定论"的信念，即错误地视同种系发生和个体发生的作用方式。卡尔·波普尔曾对这种历史决定论的观点做了有力的驳斥（1945，1957）。

生物进化和文化进化还有另一些共同特征。例如，它们都遵循着同样的自然选择原理：生存优势或繁殖优势。变异、适应和竞争，不管它们——尤其在繁殖方式上——有怎样的特殊机制，从本质上说都是同样的过程。不但所有的进化都取决于竞争，甚至仅仅为了维持现有的成就，竞争也是必要的。

虽然我希望人们从更为广阔的历史背景看待进化论，理解生物进化和文化进化的不同，以及承认社会科学对我们的进化知识做出的贡献，不过我并不想否定，达尔文生物进化论的创立，不管它造成了什么样的后果，都堪称一项现代伟大的知识成就——

它使我们对自己的世界有了一种全新的眼光。作为一种解释工具，它的普适性也表现在一些各不相同的自然科学家的新著作之中，他们证明了不应把进化的观点局限于有机体，这个过程始于从更为基本的粒子中发展出来的原子，因此我们也能够解释分子这种最初级的复杂结构，甚至能够根据多种多样的进化过程，解释复杂的现代世界（见补论 A）。

但是，凡是用进化论观点研究文化的人，都难免会经常感觉到对这种观点的敌视。它往往是针对那些"社会科学家"，他们在 19 世纪需要达尔文的帮助，以便认识他们本可能从自己的先辈那儿学到的东西，从而使文化进化论信誉扫地，给它的进步造成了持久的伤害。

社会达尔文主义从许多方面看都是错误的，但是今天对它的深恶痛绝，部分地也要归因于它同致命的自负相冲突，这种态度认为人能够按照自己的愿望改造他周围的环境。虽然这与理解正确的进化论了无干系，但是那些在研究人类事务上持建构主义态度的人，却经常以社会达尔文主义的不当之处（和如此明显的错误）为由，全盘否定进化理论。

伯特兰·罗素提供了一个很好的事例，他宣称，"假如进化论的伦理学能够成立，那么对于这个进化过程会发生什么事情，我们大可漠不关心。因为无论它是什么，都可以由此证明它是最好的"（1910/1966：24）。这种被 A. G. N. 弗莱称为"无可辩驳的"（1967：48）反对意见，是建立在一种简单化的错误认识上。我不想信奉那种经常被称为遗传主义或自然主义的谬论。我不认为集体选择的传统造成的结果肯定是"好的"——我丝毫不打算主张，在进化过程中长期生存下来的另一些东西，譬如蟑螂，也有道德价值。

我确实认为，不管我们喜欢与否，没有我所提到那些特殊传统，文明的扩展秩序就不可能继续存在（但是假如蟑螂绝迹，由此引起的生态"灾难"大概不会给人类造成永久性的重大破坏）；我也确实认为，假如我们因为观念有误（它当然有可能真诚信奉自然主义的谬误）而放弃这些传统，我们就会使大量的人陷入贫困和死亡。只有充分正视这些事实，我们才能着手——或我们可能具备了一定的能力——考虑一下，做什么样的事情才能算是正确而善良。

单靠事实绝不能定是非，但是如果在什么合理、什么正确和有益的问题上认识有误，却会改变事实和我们生存于其中的环境，甚至有可能不但毁灭已经得到发展的个人、建筑、艺术和城市（我们早就知道，在各种类型的道德观念和意识形态的破坏性力量面前，它们是十分脆弱的），并且会毁灭各种传统、制度和相互关系，而离了这些东西，几乎不可能出现以上成就，或使它们得到恢复。

第二章　自由、财产和公正的起源

谁都无权既攻击分立的财产又自称看重文明。这两种现象的历史是不能割裂的。

——亨利·梅因

因此，作为一种社会形式的财产，和人类的生计是不可分的。

——卡尔·门格尔

人们享有公民自由的资格，与他们对自己的性情施以道德约束的愿望成正比；与他们把热爱公正置于个人贪婪之上成正比。

——艾德蒙·柏克

自由和扩展秩序

如果把人们提升到野蛮人之上的是道德和传统，而不是理智和精于算计的理性，那么现代文明的独特基础是在地中海周围地区的古代形成的。在这个地区，那些允许个人自由利用自己的知识的社会，由于有着从事远距离贸易的可能性，使它们与那些一切人的行动受共同的当地知识或统治者知识决定的社会相比取得了优势。就我们所知，地中海地区是最早承认个人有权支配得到认可的私人领域的地方，这使个人能够在不同团体之间发展出密集的商业关系网。这个网络的运行独立于地方头领的观点和愿望，因为当时对那些航海商人的活动，很难进行集中管理。如果我们可以接受一个声望极高的权威人士（一个肯定并不偏爱市场秩序的人）所做的说明，那么"希腊—罗马的世界从本质上说显然是个私人所有权的世界，从几亩耕地到罗马贵族和皇帝的巨大领地莫不如此，也是个私人贸易和制造业的世界"（芬利，1973：29）。

其实，这种助长了私人目标多样化的秩序，只有在我愿意称之为分立的财产基础上才能够形成，这是梅因对通常称为私有财产的更为准确的用语。如果说分立的财产是任何先进文明中道德的核心，那么似乎是古希腊人最早认识到，它也同个人自由密不可分。据说古代克里特人的宪法制定者"就理所当然地认为自由乃国家至高无上的利益，仅仅基于这一原因，才让财产专属于那些获得财产的人，而在奴隶制的条件下，一切东西都属于统治者"（斯特拉博，1917：10，4，16）。

这种自由的一个重要方面——即不同的个人或小团体根据他们各不相同的知识和技能追求各自目标的自由——之成为可能，不仅是因为对各种生产工具的分散控制，还因为一种实际与前者不可分的做法：对得到同意的转移这种控制权的方式给予承认。个人可以根据自己的以及他可以加入其中的不管哪个群体的知识和愿望，自己来决定如何利用具体的物品，他能够这样做，取决于一个受到尊重、个人可以自由支配的私人领域得到了普遍的承认，也取决于特定物品的权利能够从这人转移给那人的方式同样得到了承认。从古希腊直到现在，这种财产、自由和秩序得以存在的前提是一样的，即抽象规则这个意义上的法律。它使任何个人在任何时间都可以就谁对任何具体物品享有支配权，得出明确的看法。

就某些物品而言，个人财产的观念肯定很早就出现了，第一件手工制作的工具大概是个恰当的例子。一件独特而十分有用的工具或武器，对于它的制造者来说，无论如何都会具有极强的吸引力，因此把它转移给别人从心理上说是很困难的，这件工具必定会一直伴随着他走进坟墓——这正如迈西尼时期的"索洛"（tholo）或蜂窝状墓穴所示。这里出现了发明者和"正当的所有者"的结合，以及相伴而生的许多基本观念的形成，有时还伴随着一些传说，譬如后来的亚瑟王及其名为"伊克卡利布尔"的神剑的故事，它讲述了一把宝剑的转移不是根据人类的法律，而是根据"更高的"神秘律法或"权力"。

正如这些事例所示，财产观念的扩展和完善，肯定是个渐进的过程，甚至迄今仍未完成。在从事狩猎和采集的流动群体中，这种观念是没有多少意义的，因为在他们中间，发现某个食物来源或藏身之地的人，有义务把自己的发现告诉他的伙伴。第一批手工制作的耐用工具隶属于其制造者，大概是因为只有他们掌握使用这些工具的技能。在这一点上亚瑟王及其神剑依然是个十分恰当的故事。虽然神剑不是亚瑟王所造，他却是唯一有能力使用它的人。不过从另一方面说，贵重物品所有权的分化，有可能是在群体相濡以沫的必要受到削弱，个人开始为更有限的群体——譬如家庭——承担起责任的时候，才开始出现的。很可能是让一份有效益的财产保持原状的必要性，逐渐导致了土地集体所有向个人所有的转变。

但是，猜想这些发展的具体过程并无多大用处，因为在游牧生活中进步的人与发展出农业的人之间，这种过程很可能大不相同。关键在于，分立的财产的最初出现，是贸易发展不可缺少的条件，从而对于形成统一而相互协调的更大结构，以及我们称为价格的信号的出现，也是不可缺少的。同允许一切人在决定个人财产用途上可以做出选择相比，个人、扩大了的家庭或个人自愿组成的团体占有具体物品是否得到承认并不那么重要。尤其是在土地方面，也会出现一些财产"纵向分化"的安排，譬如所有者有高低之分，或有地主和佃户之分，近代地产制度的发展便是如此。如今，这样的安排同某些较为原始的财产观念相比，大概能够发挥更大的作用。

也不应当认为部落是文化进化的起点。其实它们是这种进化最早的产物。这些"最早的"紧密群体，和另一些他们不一定熟悉的个人和群体，有着共同的祖先和行为方式（下面一章将讨论这个问题）。因此我们很难说部落最早是在什么时候变成了共同传统的维护者，或者文化的进化始于何时。但是，不管多么缓慢以及受着怎样的阻碍，有秩序的合作毕竟在不断扩展，普遍的、无目标的抽象行为规则，取代了共同的具体目标。

欧洲文明的古典遗产

似乎也是希腊人，尤其是持世界主义观念的斯多噶派哲学家，首先表述了后来罗马人在其帝国全境加以普及的道德传统。我们知道，这个传统受到过严重的抵制，并且还会一再有这样的遭遇。在古希腊，当然主要是斯巴达人，即那些最强烈反对商业革命的人，他们不承认个人财产，反而允许甚至鼓励偷盗。在我们这个时代，他们仍然是拒绝文明的野蛮人的楷模（若想了解18世纪关于他们的有代表性观点，可对照波斯维尔《传记》中的萨缪尔·约翰逊医生，或弗里德利希·席勒的文章《论利库尔戈斯和索伦立法》）。不过在柏拉图和亚里士多德那儿，我们便可发现一种向往恢复斯巴达行为方式的怀乡病，这种怀恋之情一直持续到现在。这是对受全权政府主宰的微观秩序的渴望。

不错，在地中海地区发展起来的巨大商业社会，一度需要依靠罗马人的保护以防备掠夺者，那时的罗马人，如西塞罗所言（《论共和》，2，7—10），仍然具有较多的尚武精神，能够通过征服最发达的商业中心科林斯和迦太基——它们因为"贪婪的生意和航行"而失去军事威力——而控制这个地区。不过在共和国时代的最后年代和帝国时代的最初几个世纪里，在深深卷入商业利益的元老院成员的统治下，罗马为世界提供了建立在个人财产绝对观念上的一个私法楷模。只是在罗马的中央政府日益取消了创业的自由之后，这种最早出现的扩展秩序才开始衰落并最终崩溃。这个过程一再出现：文明可以扩展，但是在接管了公民日常事务处理权的政府的统治下，它不太可能得到很大发展。如果没有一个把保护私有财产作为自己主要目标的政府，似乎不太可能发展出先进的文明，但是由此引起的进一步的进化和成长过程，却一再被"强大的"政府所中断。有足够的力量保护个人免于同胞暴力的政府，使一个日益复杂的自发秩序的进化和自愿合作成为可能。但是它们为了贯彻自以为更大的智慧，不让"各种社会制度随意发展"（取自 1977 年版《方塔纳—哈泼现代思想词典》"社会工程"词条下的一句典型用语），迟早会滥用这种权力，压制它们原来所保护的自由。

如果说，罗马的衰落并没有永久终止欧洲的进化过程，但是亚洲的类似发展（后来又单独出现在中美洲）却被强大的政府所阻止，这些政府（和欧洲中世纪的封建制度相似，但其权力却超过了欧洲）也有效地抑制了私人的首创精神。其中最显著者莫过于中华帝国，在一再出现的政府控制暂时受到削弱的"麻烦时期"，文明和精巧的工业技术获得了巨大进步。但是这些反叛或脱离常规的表现，无一例外地被国家的力量所窒息，因为它一心只想原封不动地维护传统秩序（李约瑟，1954）。

这也可由埃及的情况得到很好的解释。关于私有财产在这个伟大文明最初的崛起中发挥的作用，我们可以了解到一些十分出色的记录。雅克·皮尔纳在他对埃及的制度和私法的研究中，描述了第三王朝结束时法律从本质上说有着个人主义特点，当时的财产是"个人的和不可侵犯的，完全受所有者的支配"（皮尔纳，1934：II，338—9），但他也记录了它在第五王朝便已开始衰落。这导致了第十八王朝的国家社会主义，同一时期的另一本法文著作（戴兰，1934）对此做了描述。此种现象在此后两千年里一直存在，这在很大程度上解释了这一时期埃及文明停滞不前的原因。

同样，就欧洲文明在中世纪晚期的复兴而言，可以说资本主义——和欧洲文明——扩张的起源和产生的理由，是得益于政治上的无政府状态（巴什勒，1975：77）。不是在更为强大的政治统治下，而是在文艺复兴时期的意大利、德国南部和低地国家的城市里，最后是在治理宽松的英格兰，也就是说，在资产阶级而不是军阀的统治下，近代的产业制度才得到了发展。保护分立的财产，而不是政府主宰其用途，为密集的服务交换网络的成长奠定了基础，也正是这一网络形成了扩展秩序。

历史学家有一种习焉不察的教条，误导人心者莫此为甚，他们把强大国家的建立说成是文化进化的顶峰，其实这经常标志着文化进化的结束。在这个问题上，研究早期历史的人完全被那些掌权者留下的遗迹和文献所左右，因此也受到了它们的欺骗。扩展秩序的建立者，往往没有创造出能够建立丰碑的财富，因而也没有给他们的成就留下多少显而易见的辉煌见证。

"没有财产的地方亦无公正"

对于正在出现的扩展秩序，聪明的观察者不会有多少怀疑，它是建立在由政府加以保障的安全上，强制力仅限于贯彻决定物品各有所属的抽象规则。例如，约翰·洛克的"所有权个人主义"不但是一种政治学说，而且是对给英国和荷兰带来财富的状况进行分析的结论。它是建立在这样一种见解上，要想保证个人之间的和平合作这一繁荣的基础，政权必须维护公正，而不承认私有财产,公正也不可能存在:"'无财产的地方亦无公正'这一命题,就像欧几里德几何学中的任何证明一样确定:因为所谓财产的观念,就是指对事物的权利,而被冠之以不公正之名的观念,就是指对这种权利的侵犯或践踏;显然,这些观念就是这样建立起来的,这些名称就是因此而赋予它们的,我确信这一命题是正确的,就像三角形的三角之和等于两个直角之和一样正确。"(洛克,1690/1924:IV,iii,18)不久之后,孟德斯鸠也向世人表达了他的看法:是商业把文明和文雅的举止传播给了北欧的野蛮人。

在大卫·休谟以及18世纪的另一些苏格兰道德学家和学者看来,分立的财产得到承认,显然标志着文明的开始;规范产权的规则似乎是一切道德的关键之所在,这使休谟把他阐述道德的《人性论》大部分篇幅用来讨论这个问题。后来他又在自己的《英格兰史》(第五卷)中,把国家的强盛归功于政府干涉财产的权力受到了限制。在《人性论》里(III,ii),他明确解释了如果人类实行的法律不是规定了所有权和财产交换的一般规则,而是"规定让最普遍的美德拥有最大财富,……而天然的模糊性和每个人的自负,使德性极不确定,因此从这种法律中产生不出任何明确的规则,这必然立刻导致社会的全面解体"。后来他又在《人类理解研究》中说:"幻想家或许以为,统治以慈悲为本,唯圣人能领受人间;官吏却十分正确地把这些高傲的学问家放在了和一般盗贼相同的位置上,用严格的规矩教育他们,在凭空想像中看上去对社会最有利的原则,实践起来有可能完全是有害的和破坏性的。"(1777/1886:IV,187)

休谟明确指出了这些思想和自由的关系,以及一切人的最大自由要根据他所说的三条"基本的自然法则",即"所有权的稳定、其转移需经同意以及信守承诺",对每个人的自由进行平等的限制(1739/1886:II,288,293)。他的观点显然部分地来自一些习惯法学者，如马修·黑尔爵士（1609—76），不过大概是休谟最早明确认识到，根据"事后判断的公正，或对别人财产的尊重、诚实，或信守诺言，已经成为义务并成为支配人类行为的一种权威"，使自然的道德本能"受到制约或限制"，才会使普遍自由成为可能（1741，1742/1886：III，455）。休谟并没有犯下后来那种十分常见的错误，把自由的两种含义混为一谈：其一是一种稀奇古怪的含义，以为孤立的个人能够享有自由，其二是许多相互合作的个人能够享有自由。如果从后面这种相互合作的背景加以理解，只有抽象的产权规则——即法律规则——能保障自由。

　　亚当·弗格森对这些教诲做了概括，他把野蛮人定义为不知财产为何物的人（1767/1773：136）。亚当·斯密则说，"谁也没有见过一个动物，用某种动作或本能的声音向另一个动物说，这是我的，那是你的"（1776/1976：26）。其实他们在这里所说的话，两千多年来一直就是受过教育的人的观点，尽管它不时受到野蛮或饥饿人群的反对。正如弗格森所言，"财产显然是一种进步"（同上）。我们已经说过，当时对语言、法律中的这些问题也有所研究；19世纪的古典自由主义对它们了解甚多；大概是通过艾德蒙·柏克，更有可能是通过萨维尼等德国语言学家和法学家的影响，这些论点再次被梅因接受。萨维尼的阐述（在反对把民法条文化时）有必要在这里做大段的引用："在这些交往中，若想使自由的人生活在一起，让他们在各自的发展中相互支持而不是相互妨碍，就必须承认有一道无形的界线，保证在此界线之内每个人的生活和劳作享有一定的自由空间。划定这一界线和每个人自由范围的规则，就是法律。"（萨维尼，1840：I，331—2）

不同的财产形式和对象及其改善之道

　　财产制度，就其现有的状况而言，很难说是完美的；其实我们也很难说明这种完美包含什么样的内容。如想让分立的财产制度实际发挥出它的最佳效果，文化和道德的进化确实需要更上一层楼。例如，我们需要普遍的竞争以阻止对财产的滥用。这反过来又需要对微观秩序，即前面讨论的那些小团体（见第一章，另见舍克，1966/1969）中出自本能的感情做进一步限制，因为这些出自本能的感情不但受到分立的财产的威胁，有时竞争更会对它们构成威胁，这导致人们更加渴望没有竞争的"休戚与共"。

　　财产最初是习俗的产物，司法与立法不过是在数千年里对它做了发展而已，因此没有理由认为，它在当代世界采取的具体形式就是最后的形式。近人已经认识到，传统的财产观是一个内容多变而极为复杂的包裹，至今仍未发现它在所有领域最有效的组合方式。对这些问题的新研究主要源自后来普兰特爵士令人振奋的著作，不幸他并未完成，他过去的学生罗纳德·科斯（1937，1960）又在几篇简短但极有影响的论文中承担起了这项工作，从而刺激了一个广泛的"产权学派"的发展（阿尔齐安、贝克尔、张五常、德姆塞茨、佩约维奇）。这些我们无法在这里加以总结的研究成果，为市场秩序之法律框架的进一步发展提供了新的可能。

　　为了说明在界定各种权利的最优形式——尽管我们坚信分立的财产的一般制度是不可缺少的——上我们依然多么无知，可以对财产所能采取的一个具体形式做点说明。

　　对个人控制各种资源的范围做出界定的规则体系，是通过试错法进行缓慢选择的结果，然而它却造成一种奇怪的状况。物质财产的形式对于有效组织生产的物质手段是不可缺少的，对这种财产形式知识分子普遍抱有怀疑倾向，但正是这些人，因为必须同譬如说文字产品和技术发明打交道，却变成了不久前才发明的某些非物质产权（例如版权和专利）的最热心的支持者。

这种财产和另一些财产之间有着这样的不同：物质产品的所有权引导稀缺资料用于最重要的用途，而在非物质产品的情况下，例如文学产品和技术发明，生产能力虽然也受到限制，不过一旦它们出现，就可以对它们进行无限复制；只有法律能让它们变得稀缺，这是为了刺激人们生产这类思想。但是，这种强制性的稀缺是不是激励人类创造过程最有效的办法，并不那么显而易见。如果一部伟大的文学作品的作者没有得到唯一的版权，我们是否便不可能拥有哪怕一部这样的作品，我对此表示怀疑。我认为，赞成版权必须几乎完全视情况而定，有些极为常用的作品，如百科全书、词典、教科书和工具书，如果在它们出现之后马上就可以免费复制，它们大概根本就不可能生产出来。

同样，对这个问题一再出现的重新评价，并没有证明发明专利的获得确实加快了新技术知识的产出，而不是导致人们集中研究那些可以预见近期就能找到解决办法的问题而造成的浪费，因为根据法律，只要有人在找出解决办法上碰巧比别人早了几分钟，他便获得了长期专用权（马赫鲁普，1962）。

作为自发秩序要素的组织

在讲完理性的虚妄以及"合理"干涉自发秩序的危险之后，我还得加上一句提醒读者的话。根据我的核心目标，我必须强调有助于形成自组织结构的行为规则的自发进化。这种对扩展秩序或宏观秩序的自发性的强调，如果让人觉得专门设立的组织在宏观秩序中丝毫都不重要，那就是误解了我的意思。

　　自发的宏观秩序中的要素，除了个人分别从事的经济筹划之外，还有那些专门设立的组织的安排。个人主义法律的进化，在很大程度上恰恰在于它为不受强制的自愿团体的存在提供了可能。但是随着整个自发秩序的扩展，它所包含的单位之规模也随之扩大。它的要素日益变得不再是个人的生意，而是成了公司和社团之类的组织以及各种管理机构的经营。在使广泛的自发秩序得以形成的行为规则中，有一部分也会有利于那些适合于在更大系统内运行的专门组织的建立。不过，这些形形色色更具包容性的专门组织，实际上只有在一个更为广泛的自发秩序中才能找到立足之地，在一个本身就是专门组织起来的全面秩序中，是不适合它生存的。

　　另一个相关的问题也会引起误解。前面我们曾提到各种类型的产权在纵向或横向上不断加剧的分化。如果我们在本书的某些地方，在谈到分立的财产规则时，仿佛是在说分立的财产的内容始终保持不变，读者应把这视为一种简化，如果没有理解前面做出的那些限制，它也会使人产生误解。其实这是在政府秩序的自发秩序框架内有望取得最大进步的领域，但是我们无法在这里做进一步的阐述。

第三章　市场的进化：贸易和文明

除了滚滚财源之外，它还会带来什么有价值的东西？

——萨缪尔·巴特勒

有商业的地方，便有美德。

——孟德斯鸠

秩序向未知领域扩展

前面说明了产生扩展秩序的某些条件，以及这种秩序为何既形成又需要分立的财产、自由和公正，我们现在可以更加细致地考察另一些已经有所暗示的问题，尤其是贸易的发展以及与此相关的专业分工，以找出某些更为深入的关系。这些发展也对扩展秩序的成长大有贡献，但是在当时，甚至在数百年之后，即使那些最了不起的科学家和哲学家，对此也没有多少理解；当然也没有哪个人曾特意做出这样的安排。

我们所讨论的那些时代、环境和过程，都笼罩在时间的迷雾之中，对其细节无法做出言之凿凿的证实。某些专业分工和交换行为，在完全被成员的一致意见所支配的早期小社会里可能就已出现。原始人追踪动物的迁徙路线，当他们遇到另一些人或群体，有可能出现一些微不足道的贸易。关于很久之前的贸易，虽然有着令人信服的考古学证据，但这种事不但十分罕见，而且易于让人产生误解。利用贸易而得到的基本生活资料，大多数都被消费掉了，没有留下任何痕迹，而那些让其所有人爱不释手，不惜放弃必需品而得到的稀奇物品，往往意味着他们会留为己用，因此也更为耐久。装饰品、武器和工具为我们提供了主要的证据，我们根据当地没有可以用来制造它们的自然资源，只能推断要想获得这些东西就必须依靠贸易。考古学也不太可能发现人们从很远的地方得到的盐，不过盐的生产者通过卖盐而得到的回报的确时有发现。但是，使贸易日益成为维系古代社会生存不可缺少的制度的，并不是奢侈的欲望，而是生活必需品。

　　无论交换的是什么东西，贸易肯定出现得极早。远距离的贸易，以及交易商不知其来源的那些物品的贸易，肯定比相距遥远的群体之间现在能够发现的任何其他交往更为古老。现代考古学证实，贸易要早于农业或其他正常的生产活动（利基，1981：212）。在欧洲，甚至存在着至少 3 万年以前旧石器时代远距离贸易的证据（赫斯科维茨，1948，1960）。在 8000 年前，安纳托利亚的加泰土丘和巴勒斯坦的杰里科，甚至在陶器和金属交易出现之前，就已成为黑海和红海之间的贸易中心。这两个地方也提供了"人口骤然增加"的早期例证，人们常常把这说成是农业革命。后来，"在公元前 7000 年的后期就存在着水路和陆路网络，把米洛斯岛的黑曜岩运往小亚细亚和希腊内陆（见柴尔德，1936/1981 一书中 S. 格林的导言；另见伦弗鲁，1973：29；1972：297—307）。"有证据表明，甚至在公元前 3200 年以前，就有广泛的贸易网把俾路支（位于西巴基斯坦）和西亚各地联系在一起。"（柴尔德，1936/1981：19）我们还知道，王朝时代以前埃及的生计有着可靠的贸易基础（皮尔纳，1934）。

　　日常贸易在荷马时代的重要性，可由《奥德赛》（I，180—184）中的故事加以说明。雅典娜装扮成船长，载着一船用于交换铜器的铁，去和忒勒玛科斯会面。据考古学证据，使后来的古典文明得以迅速发展的贸易大扩张，也是出现在几乎没有历史文献可资利用的时期，即在从公元前 750 年到 550 年这 200 年里。大约在同一时间，贸易扩张似乎也使希腊和腓尼基贸易中心的人口有了迅速增加。这些中心在建立殖民地上相互激烈竞争，使古典时代初期重要文化中心的生活，变得完全依靠日常的市场过程。

这些早期年代存在着贸易，就像它对扩展秩序的作用一样，是无可辩驳的。不过很难说这个市场过程的建立会一帆风顺，它肯定伴以早期部落社会的根本瓦解。甚至在那些已经承认分立的财产的地方，需要有另外一些以往没有听说过的行为方式，才会使群体倾向于同意它的成员取走该群体拥有的必要物品让陌生人使用（甚至交易者本人也只是部分地理解这样做的目的，更不用说当地的民众了）——若是没有这种交易，这些物品本来一直是供当地人共同使用的。例如，建立了各希腊城邦的船主，把装满油和红酒的陶罐运往黑海、埃及和西西里以交换谷物，在这个过程中他们是把自己的邻人十分需要的货物拿去给了那些他们的邻人素不相识的人。小团体中的成员若是同意这种做法，他们必须先放弃自己的成见，开始从一个新的角度理解世界——一个小团体的重要性大为减少的世界。正像皮戈特在《古代欧洲》中所说，"探险者和采矿者，商人和经纪人，船运和商队组织，承诺和协议，对远方外邦人及其习俗的看法——所有这一切都涉及到社会理解的扩大，这是进入青铜时代的技术进步所必需的"（皮戈特，1965：72）。这位作者还谈到了公元前 2000 年青铜时代中期的情况："海路、河运和陆路网络赋予当时的青铜业许多国际性，我们发现从欧洲的一端到另一端，各种技术和风格有着广泛的分布。"（同上，118）

是什么样的行为方式提供了这些新的起点，不但导致了对世界的新见解，甚至导致了风格、技术和观念的某种"国际化"

（这个词当然有时代错置之嫌）呢？其中至少包括善待远客、防卫能力和安全的通道（见下面一节）。原始部落界定模糊的领土，甚至在早期，很可能由于个人按照这些行为方式建立起的贸易交往而相互重叠。这种个人交往可以形成一条连续不断的关系链，正是在这个链条上，数量虽小但不可缺少的"微量元素"得以传播到很远的地方。这使固定职业，以及由此产生的专业化，在许多新的地区成为可能，并最终导致了人口密度的增加。一种连锁反应出现了：更大的人口密度导致了专业化机会或劳动分工的发现，由此引起了人口和人均收入的进一步增加，这又使人口的继续增加成为可能。如此往复不已。

贸易使世界人口居住密度的增加成为可能

对这种由新的聚居地和贸易所启动的"连锁反应"，可以做些更为细致的研究。有些动物只能适应特殊的、十分有限的环境"生态龛"，离开它便难以生存，而人类和老鼠等少数其他动物，却能够适应地球上几乎任何地方。很难把这仅仅归因于个体的适应能力。只有少数较为狭小的地区，能够为狩猎者和采集者的小团体提供哪怕是最原始的使用工具的定居性群体所需要的一切，如果他们耕种土地，自然物产就更为不足。没有另一些地方的同胞的支持，大多数人都会发现，他们打算居住的地方不是不适合居住，就是只能让很少的人定居。

确实存在的那些相对而言能够自给自足的生态龛，不管是在什么地区，很可能早已被永久占领并且抵制外人的入侵。即使是生活在那里的人也会逐渐知道，附近的地方虽然没有提供他们所需要的全部东西，却提供了大多数东西，那儿可能缺少一些他们只偶尔需要的基本物品：燧石、弓弦、固定刀柄的木胶、制革材料，等等。在确信这些需要可以通过不定期返回自己的家乡得到满足之后，他们会离开自己的群体去占领其中一些相邻的地方，甚至是他们所居住的陆地上一些更远的人口稀少的新领土。这些早期的人口迁移和必需品转移的重要性，不能只从数量角度来衡量。如果不存在进口的可能性，即使这些物品在某个地方的当前消费品中只占微不足道的一部分，早期的定居者莫说繁衍人口，连维持自己的生存也是不可能的。

只要仍然住在家乡的人还认识已经迁出的人，他们回去补充必需品便不会遇到什么麻烦。然而，用不了几代人的时间，这些原居民群体的后代便会互不相识；仍然住在原来更有自给能力的地方的人，经常会以不同的方式保护自己和自己的物产。为了获准进入原来的领地，以便取得某些只有那里出产的特殊物品，出于表达和平愿望的目的，也为了勾起当地居民的欲望，他们必须带一些礼物。要想让礼物有最佳效果，它们最好不是那些当地随时可以提供的满足日常需要的东西，而应当是一些让人心动的、不同寻常的新式装饰品或美味佳肴。这种交往的一方所提供的物品，事实上经常是些"奢侈品"，这是其中的一个原因，但很难说交换的物品对于另一方来说不是必需品。

最初，涉及礼物交换的经常性交往，很可能是在家族之间发展起来的，他们承担着相互款待的义务，而这又与通婚习俗有着复杂的关系。从这种家族成员和亲戚之间送礼的做法，到更加非个人化的东道主或"介绍人"——他们遵照礼俗充当来访者的保人，并允许他们停留足够长的时间以得到他们所需要的东西——制度的出现，再到按照由稀缺程度决定的比例交换具体物品的做法，这个转变过程无疑是十分缓慢的。但是因为认识到仍可视为划算的最小值，以及不再值得交换的最大值，由此使具体的物品逐渐形成了特定的价格。另一件不可避免的事情是，传统的等值物必须不断适应变化了的条件。

我们从早期希腊史中的确可以发现重要的宾客制度（institution of the xenos），它使身处异邦的个人得到通行权和人身保护。当然，贸易在很大程度上肯定是作为一种个人关系发展起来的，即使军事贵族会把这种贸易伪装成好像不过是个人之间互赠礼物。不但已经很富有的人能够款待另一些地区特殊家族的成员，而且这种关系提供了一些使群体的重要需求得到满足的渠道，因而能使人们变得富裕。武勒玛科斯曾向皮洛斯和斯巴达的一位访客打听他那个"周游四方的父亲奥德赛"的消息（《奥德赛》第三幕），这个访客很可能就是利用自己的财富登上王位的商人。

毫无疑问，这种与外邦人发生有利交往的机会的扩大，也会使已经发生的与原始小群体中那种休戚与共、目标一致和集体主义的决裂得到进一步强化。确实，有些个人从小群体的控制和应尽义务中解脱出来了，他们不仅开始定居在另一些群体中，并且为同另一些群体成员建立关系网络——一个因为有不计其数的接力者和分叉过程而最终遍布全球的网络——打下了基础。即使这些个人既不知道也没有这种意图，他们却能够为建立一个更为复杂、更为广泛的秩序做出自己的一份贡献，这种秩序远远超出了无论是他们本人还是他们同代人的视野。

为了创造这样一种秩序，这些个人必须能够把信息用于只有他们自己知道的目的。没有某些行为方式上的有利条件，譬如和远方的群体共同遵守的宾客制度，他们是不会这样做的。这些行为方式必须是共同的，而遵守这些行为方式的个人的具体知识和目标可以各不相同，并且能够以特殊的信息为基础。这反过来又会激励个人的首创精神。

由于只有个人，而不是他的群体，能够获准和平地进入外邦人的领地，因此他获得了自己的同胞所不具备的知识。贸易不能建立在集体知识上，只能建立在独特的个人知识上。要想使这种个人的创造力得到利用，只有越来越多地承认分立的财产。船主和其他商人是受他们的个人收益所左右，但是用不了多久，由于他们是通过贸易而不是生产去追求财富，由此给家乡不断增加的人口带来的财富和生计，就只能依靠他们在发现新机会上不断创新来加以维持了。

　　为了不使以上所言引起误解，必须记住，人们为何接受任何具体的新习俗或新发明，只是件次要的事情。更为重要的是，使一习惯或发明得到维系，需要两个明确的前提。首先，必须存在着能够使某些行为方式代代相传的条件，而这些行为方式的好处未必已经得到人们的理解或赞赏。其二，保留这些习惯的群体必须是取得了明确的优势，使他们能够比另一些群体更为迅速地扩张，并最终胜过（或同化）那些不具备类似习惯的群体。

贸易比国家更古老

　　人类最终能够像现在这样稠密地占据地球的大部分地区，甚至能够在几乎生产不出任何必需品的地方维持众多的人口，这是因为人类就像一个自我伸展的庞大机体，学会了扩展到最遥远的角落，从每个地方汲取整体所需要的不同养分。当然，即使在南极洲，不需要多久也能使数千名矿工挣到丰足的生活资料。在一个来自太空的观察者看来，这种表面不断发生变化的遍布全球的现象，很可能像是一个有机体成长的过程。然而并非如此：它是由不再率性而为，而是遵循着传统习惯和规则的个人所成就的。

　　这些生意人和东道主，对于他们所服务的具体需要所知甚少（就像他们的先辈对此也所知甚少一样）。他们也不需要这种知识。许多这样的需要当然要过很久才会出现，因而人们甚至无法预测它们的一般特征。

　　对经济史的了解越多，就越会发现，一个高度组织化的国家的建立构成了早期文明发展的顶峰这种想法是错误的。由于我们对有组织的政府的所作所为的了解，必然大大多于个人之间自发的合作所成就的事情，因此历史说明严重夸大了政府的作用。这种由于事物——例如那些文献和遗迹——的性质使然而形成的骗局，可以拿下面的故事（但愿它不足为训）为例：考古学家根据有关具体价格的最早记录是刻在一根石柱上这个事实，便断定价格总是由政府制定的。这还不是最糟糕的，一部广为人知的著作认为，由于在巴比伦城的发掘中没有发现适当的空地，因此那里还不存在集市——炎热的气候下，这种市场怎么会在露天里举行！

与其说政府会促进远距离的贸易，不如说它经常阻碍这种贸易。为经商的个人提供了更大独立性和安全的政府，是这种商业带来的信息和人口的受益者。但是，当政府发现自己的人民日益依赖某些基本食物和原料的进口时，它们本身经常会以这样或那样的方式竭力保障这种供应。例如，有些早期政府当从个人贸易中第一次了解到存在着一些必要资源之后，就会试图用有组织的军事或殖民远征取得这种资源。雅典人并不是最早，当然更不是最后一批做这种事的人。但是因此便像一些现代作者那样（波拉尼，1945，1977）得出如下结论却是很荒谬的：在雅典最为繁荣发达的时期，它的贸易是"受到管理的"，受着政府签订的条约的约束并且是以固定价格进行的。

实际情况似乎是，强大的政府对自发的改进一再造成破坏，使文化的进化过程半途夭折。这可拿东罗马帝国的拜占庭政府为例（罗斯托夫采夫，1930；伊诺第，1948）。中国的历史也提供了政府试图推行完美的秩序，使创新变为不可能的许多事例（李约瑟，1954）。这个国家在技术和科学方面大大领先于欧洲，仅举一例：12世纪它在浦江一侧便有十座油井在生产，政府的控制权所导致的，肯定是它后来的停滞不前，而不是它早期的进步。使极为先进的中国文明落在欧洲后面的，是它的政府限制甚严，因而没有为新的发展留下空间，而欧洲，正如前一章所说，它在中世纪异乎寻常的扩张，很可能应当归功于政治上的无政府状态（贝什勒，1975：77）。

哲学家的盲目性

希腊的主要商业中心，尤其是雅典和后来的科林斯，政府专门制定的政策并没为它们带来多少财富，并且几乎没有人理解这种繁荣的真正原因。完全不理解自己生活于其中的发达市场秩序的亚里士多德，或可作为这方面一个最好的例子。虽然人们有时说他是第一个经济学家，但是他当作"经济"（oikonomia）加以讨论的事情，完全是家政管理，或至多是农庄之类的个人产业。对于从市场上获利的努力，即他所说的"生财之道"（study of chrematistika），他只是一味加以诅咒。尽管当时雅典人的生计依靠同远方的谷物贸易，他的理想秩序仍然是一种自给自足（autarkos）的秩序。他虽然也被人称为生物学家，但是他对任何复杂结构最关键的两个方面，即进化和秩序的自我形成，没有丝毫察觉。正如恩斯特·迈尔所言（1982：306）："宇宙能够从最初的混沌中发展出来，或更高级的有机体能够从较低级的有机体进化而来，这种观念是和亚里士多德的思想格格不入的。再说一遍，亚里士多德反对任何进化。"他好像没有注意到"自然"（或"physis"）的意思就是要描述成长的过程（见补论 A），他似乎也不熟悉前苏格拉底哲学家就已知道的自我形成秩序中的某些区别，例如自发成长的 kosmos 和早期思想家称为 taxis 的那种特意安排的秩序（譬如军队中的秩序）之间的不同（哈耶克，1973：37）。在亚里士多德看来，一切人类活动的秩序都是 tax-is，即由某个秩序井然的头脑对个人行为专门加以组织的结果。我们前面（见第一章）已经知道，他振振有辞地声称，只有在一个小到足以使人人能够听到发令者声音的地方，一个目力所及的地方，才能建立起秩序（《政治学》，1326a，1327a）。他宣布，"人数过于庞大，便无法井然有序地参与"（1326a）。

在亚里士多德看来，只有现存人口中已知的需求，为经济努力提供了天然的或正当的理由。他认为，人类乃至自然，一直就是以它们现在这个样子存在着。这种静态的观点没有为进化论留下立足之地，甚至使他不能问一下现存的制度是从何而来。他好像从来没有想到，大多数现存的人类共同体，尤其他那些人数众多的同胞雅典人，若是他们的祖先一直限于满足自己已知的当前需要，他们就根本不可能出现。通过遵守抽象规则去适应不可预见的变化，这种一旦成功便会导致人口增加和常规形成的试验过程，对他来说也很陌生。因此亚里士多德也为伦理学制定了的普遍的研究模式，在这种模式支配下，察觉不到历史提供的这些规则作用的线索，也不会想到从经济学的观点分析一下这种作用，因为理论家很容易忘掉答案就包含在这个规则的问题之中。

在亚里士多德的头脑里，只有目的在于把好处留给别人的行为，才是可以从道德上加以赞成的行为，仅仅着眼于个人收益的行为肯定是恶劣的行为。商业上的考虑可能不会影响大多数人的日常活动，但这绝不意味着从更长远的角度说，他们的生活不取决于使他们能够买到基本物品的贸易的正常进行。亚里士多德把为获益而从事的生产斥为违反自然，而这种生产在他之前很久，就已经成为大大超出另一些人的已知需求的扩展秩序的基础。

我们现在知道，在人类活动结构的进化过程中，获利的可能起着一种信号作用，它指导人们做出能让他们的工作更有成效的选择；通常，只有那些更有利可图的事情才能养活更多的人，因为它的产出大于消耗。至少亚里士多德之前的一些希腊人，对此已很有体会。在公元前5世纪——这当然早于亚里士多德——第一位真正伟大的史学家在着手写作伯罗奔尼萨战争史时，便开始思考早期的人们"如果既无商业，又无陆地或海上的交通自由，除了满足自己的生活之需外不再耕作更多的土地，那么他们绝无可能超越游牧生活的水平"，因此"既不会建立巨大的城市，也不会成就任何其他伟业"（修昔底德，I，1，2）。然而亚里士多德却忽视了这种见解。

如果雅典人遵照亚里士多德的建议——对经济学和进化茫然无知的建议，他们的城邦很快就会退化成村庄，因为他关于人类形成秩序的观点，把他带向一种只适用于静止状态的伦理学。然而他的学说却支配了此后两千年的哲学和宗教思想，尽管事实上这些思想大多数是在一个高度动态的、迅速扩展的秩序中出现的。

亚里士多德对微观秩序中道德规范的系统阐述所产生的影响，因为托马斯·阿奎那在13世纪采纳了亚里士多德的教导而更形严重，后来这导致了亚里士多德的伦理学实际上被宣布为罗马天主教会的正统学说。中世纪和近代早期的教会反对商业的态度，把利息指责为高利贷，以及它有关公正价格的说教和对利润的蔑视态度，都是彻头彻尾的亚里士多德主义。

当然，到了18世纪，亚里士多德在这方面（就像在其他事务上一样）的影响开始减退。大卫·休谟发现，市场可以让人们"为别人提供服务，这无需他怀有真诚的善意"（1739/1886：II，289），甚至不需要他认识那个人；或使人们的行动"有利于公众，虽然他并没有那样的打算"（1739/1886：II，296），凡此皆由于一种秩序，在这种秩序下，"即使是坏人，为公益服务也符合他的利益"。因为有了这种见解，自行组织的结构观开始降临人间，从此以后它成为我们理解所有这类复杂秩序的基础，而过去它们就像是一些奇迹，只有人类所了解的自己头脑的一个超人版本，才能使其产生。如今人们逐渐理解了市场是怎样使每个人在规定的限制之内，把他的个人知识用于自己的个人目标，即使他对自己在其中活动的秩序所知甚少。

虽然有了这项伟大的进展，当然也是因为完全忽视了这项进展，一种依然渗透着亚里士多德思想的观点，一种天真幼稚的、泛灵论的世界观，开始主宰了社会理论，成为社会主义的思想基础。

第四章　本能和理性的反叛

> 我们必须自我警惕，切不可认为科学方法的实践增强了人类理智的能力。以为在一个或数个科学领域里出类拔萃的人士，在思考日常事务上也会聪明过人——与经验相悖者，莫此为甚。
>
> ——韦尔弗雷德·特罗特

向财产挑战

虽然亚里士多德对贸易的重要性茫然无知，并且一点也不理解进化现象；虽然亚里士多德的思想被纳入托马斯·阿奎那体系之后，为中世纪和近代早期教会的反商业态度提供了支持，然而只是到了后来，主要是在 17 和 18 世纪的一些法国思想家中间，出现了若干重要的发展，它们结合在一起，开始向扩展秩序的中心价值和各项制度提出了有效的挑战。

在这些发展中首要的是，同近代科学的兴起联系在一起的一种特殊类型的理性主义变得日益重要。我把它称为"建构主义"或"唯科学主义"（仿照法语中的说法），在此后几百年里，它实际上控制着有关理性及其在人类事务中的作用的严肃思考。这种特殊形式的理性主义一直是我过去 60 年来从事研究的出发点。我在这些研究中力求证明，它是病态思维的产物，是一种滥用理性的错误的科学学说和理性学说，最为重要的是，它不可避免地导致对人类各种制度的性质和发生做出错误的解释。道学家们利用这种解释，以理性和文明最高价值的名义，终于开始去奉承一些相对而言事业无成的人，教唆人们满足自己的原始欲望。

这种从笛卡尔那儿传给现代的理性主义，不但抛弃传统，甚至声称不需要任何这样的媒介，单纯的理性就可直接为我们的欲望效力，它仅凭自己的力量，就能够建立一个新世界、一种新道德、新法律，甚至能建立一种全新的纯洁语言。虽然这种学说的错误显而易见，它仍然支配着大多数科学家的思想，也支配着文人们、艺术家们和知识分子的思想。

为了对以上所言做出澄清，我大概应当立即补充说，还有另一种也可以称为理性主义的流派，它对待这种问题有不同的方式，例如把道德行为规则本身视为理性的组成部分。洛克就曾解释说，"然而所谓理性，我想它在这里并不是指构成思维训练和推理证明的理解能力，而是指明确的行为准则，所有的优良品质和培养道德观所需要的一切，都是由此而来"（洛克，1955：111）。不过在那些自称理性主义者的人中，持洛克这种观点的依然只占少数。

其次，向扩展秩序提出挑战的相关发展，也来自卢梭的著作和影响。这位独特的思想家——虽然经常被描绘成一个反理性主义者和浪漫派——也抓住笛卡尔的思想不放，对它有着深深的依恋。卢梭那些令人目眩的思想佳酿逐渐主宰了"进步"思想，使人们忘记了自由作为一种政治制度，它的出现并不是因为人类从摆脱限制这个意义上"对自由的追求"，而是因为他们在保护公认的个人安全领地上所做的努力。卢梭让人们忘记了，行为规则必然是限制性的，它们的产物是秩序；这些规则正是通过为每个人用以追求自己目标的手段划定范围，从而大大扩展了每个人能够成功追求的目标范围。

正是卢梭在《社会契约论》的开场白里声称，"人类生而自

由，但无往不在枷锁中"，因而他要人们摆脱一切"人为的"限
制——使那些一直被称为野蛮人的人，一变而成为进步知识分子
的真正英雄，鼓动人们抛弃那些维系着他们的生产力和人口数量
的限制，提出了一种对自由的获得构成最大障碍的自由观。在宣
称不管是同传统还是同理性相比，动物的本能为人类进行有序合
作提供了更好的指导之后，卢梭又发明出虚幻不实的人民意志，
或"普遍意志"，通过这种意志，人民"变成了一个单一的存
在，一个个体"（《社会契约论》，I，vii；另见波普尔，1945/
1966：II，54）。现代知识分子的理性主义，允诺把我们重新带
回天国，在那里我们的本能，而不是限制这些本能的通过学习得
到的规则，将使我们有能力"征服世界"，正像《创世记》给我
们的教诲一样——这种理性主义致命的自负，卢梭的以上言论大
概是其主要的根源。

　　不错，这是一种很有诱惑力的观点，但它的威力（无论它
自己怎么说）很难说是来自理性和证据。我们早就知道，野蛮
人远不是自由的，他也不可能征服世界。除非得到他所属的群体
的同意，他几乎什么事都不能做。个人决定要以个人的控制范围
为前提，因此只有随着个人财产的进化才成为可能；个人财产的
发展反过来又为超出头领或酋长——或集体的——认知范围的扩
展秩序的成长奠定了基础。

　　尽管存在着这些矛盾，卢梭的呼吁毫无疑问却十分奏效，或
者说，它在过去二百年里已动摇了我们的文明。然而，它骨子里
虽然是反理性主义的，但是由于包含着笛卡尔主义的暗示，即我
们能够利用理性直接满足我们的自然本能并能够用理性为此找到
理由，它却对进步论者颇具影响。卢梭为知识分子发放了许可
证，使他们得以抛弃文化限制，为争取不受限制——自由之成为
可能，正是因为这些限制——的"自由"找到了理由，并且能
够把这种对自由基础的攻击称为"解放"，此后人们对财产的怀

疑便日益加深，不再普遍认为它是促成扩展秩序的关键要素。人们日益认为，规范分立的财产范围与转移的规则，可以用中央对其用途的决定权取而代之。

到了 19 世纪，对财产在文明进展中的作用进行严肃的理性评价和讨论，在许多地方似乎都成了一种禁忌。在这个时期，在许多本来想对财产进行研究的人中间，它也日渐受到了怀疑，成为那些相信能够对人类相互合作的制度进行理性重建的进步论者极力回避的一个话题。［这种禁忌一直延续到 20 世纪，例如它在布赖恩·巴里有关（财产的）习惯用法和"分析"的陈述中有所表现（巴里，1961：80），其中公正"从分析的角度看，是同'应得的赏罚'和'需求'联系在一起，因此可以正确地说，休谟所说的一些'公正规则'是不公正的"。又如缪达尔后来关于"财产和契约禁忌"的言论（1969：17）。］例如，人类学的奠基人日益忽视财产的文化作用，因此泰勒的两卷本《原始文化》一书，索引中竟没有出现财产和所有权的条目，韦斯特马克确实用篇幅很长的一章讨论了财产，但他在圣西门和马克思的影响下，认为财产是一种应予反对的"不劳而获的收入"来源，并由此断定"财产法迟早会发生重大变化"（1908：Ⅱ，71）。社会主义者的建构主义偏见对当代考古学影响甚大，不过它在理解经济现象上的无能，最为粗俗地表现在社会学里（所谓"知识社会学"的情况更糟）。社会学本身几乎可以被称为一门社会主义科学，它历来公开标榜自己能够建立一种社会主义新秩序（费里，1895），更晚近的说法则是，它能够"预测未来的发展并塑造未来，或……创造人类的未来"（塞杰斯特，1969：441）。就像一度虚妄地声称要取代一切专业化自然研究的"自然学"（naturology）一样，社会学一直傲慢地无视对法律、语言和市场这类成长结构做了长期研究的成熟学科已经取得的知识。

我刚才说过，对财产之类的传统制度的研究"变成了禁忌"。很难说这是在夸大其辞，因为对道德传统的进化选择这个如此有趣而又重要的过程，竟然一直研究甚少，这些传统为文明的发展所提供的方向竟受到严重的忽视，这实在令人费解。对于一个建构主义者来说，这种事当然没有什么特别之处。如果有人被"社会工程"，即人类能够自觉地选择自己的方向这种观念所迷惑，有关他如何达到了目前状态的发现，当然也就无足轻重了。

虽然这里我不能对这个问题加以深究，但我可以顺便提一下，对财产和传统价值的挑战不仅来自卢梭的追随者，它也有其宗教的来源，尽管重要性或许稍次。这个时代的革命运动（理性主义的社会主义，然后是共产主义）有助于针对基本财产制度的宗教反叛这一古老的异端传统的复兴。在早先数个世纪里，领导这些反叛的是诺斯替教徒、摩尼教徒、鲍格米勒派教徒和清洁派教徒。到了19世纪，这些具体的异端不复存在，但是成千上万名新型的宗教革命家出现了，他们把自己的反对热情发泄到了财产和家庭头上，并且号召用原始本能来反对这些限制。简言之，对私有财产和家庭的反叛并不限于社会主义者。唤起各种神秘主义和超自然的信仰，不仅可以给限制本能的习惯找到理由，例如罗马天主教和新教中的主流教义，在更为边缘的运动中，也可以用来支持本能的释放。

限于篇幅和学识不足，我不能在本书中讨论我刚才提到的返祖主义反抗所针对的第二个传统目标：家庭。不过我至少应当指出，我认为，对事实得出的一些新的知识，已经在一定程度上使传统的性道德规则失去了依据，因此这个领域很可能会发生重要的变化。

我提到卢梭和他四处弥漫的影响以及另一些历史发展，不过是想提醒读者，严肃的思想家对财产和传统道德的反叛，并不是一种相对较为晚近的现象，现在我要来谈谈卢梭和笛卡尔在20世纪的一些知识遗产。

不过我首先应当强调，这里我基本上没有考虑这种反叛的漫长历史，以及它在不同的地方出现的不同变化。在奥古斯都·孔德提出用"实证主义"一词来指"得到证实的（即由理性加以证实的）伦理学"观点，作为对超自然的"启示的伦理学"唯一可能的替代之前（1854：I，356），杰里米·边沁就已经为我们现在称为法律和道德实证主义的学说，建立了一个极为稳固的基础：他对法律和道德体系做了建构主义的解释，按照这种解释，它们的效用和意义据说完全取决于其设计者的愿望和意图。边沁本人在这一发展中也是个后来者。这种建构主义不仅包括由约翰·斯图亚特·穆勒和后来的英国自由党所代表并加以继承的边沁主义传统，实际上它还包括当代所有那些自称是"自由主义者"的美国人（其对立面是另一些非常不同的思想家，他们在欧洲更为常见，也被称为"自由主义者"，但更适当的称呼应是"老辉格党人"，其中最杰出的思想家是托克维尔和阿克顿爵士）。如瑞士一位目光犀利的当代分析家所言，如果人们接受现在的自由主义（应读作"社会主义"）哲学，认为善恶之分既然对他总有一定的意义，因此他自己必须、并且能够精心为它们划定一条界线（科尔什，1981：17），那么这种建构主义思维方式实际上就是一种无可避免的现象。

我们的知识分子及其理性社会主义的传统

我就道德和传统、经济和市场及其进化发表的见解，显然与许多有影响的观念相冲突，不但和第一章讨论的旧式的社会达尔文主义——如今它已不再被广泛接受——而且和过去以及现在的许多观点相冲突：如柏拉图和亚里士多德的观点、卢梭和社会主义奠基人的观点、圣西门、卡尔·马克思等许多人的观点。

我的基本论点是，道德规范，尤其是我们的财产、自由和公正制度，并不是人的理性所创造，而是由文化进化赋予人类的一种独特的第二禀性。这种观点和 20 世纪知识分子的主流观点当然是对立的。理性主义的影响既广且深，因此一般而言一个人越是聪明和有教养，他或她就不仅越有可能是理性主义者，而且还会持有社会主义观点（不管他们在坚持信念上是否足以给自己的观点贴上包括"社会主义"在内的某个标签）。我们在智力阶梯上攀登得越高，我们越是与知识分子谈话，我们就越有可能遇到社会主义信念。理性主义者大多数有可能既聪明又很有学识，而聪明的知识分子大都倾向于成为社会主义者。

　　假如我可以在这里插入两段个人评论，我认为自己是有资格根据一些个人经历来谈谈这种世界观的，因为我多年来一直在进行系统的评价与批评的这些理性主义观点，也正是本世纪初塑造我本人世界观的那些观点，在这一点上，我和我这一代不信教的大多数欧洲思想家的情况是一样的。当时那些观点看起来不言自明，遵循它们似乎就是摆脱一切有害迷信的途径。我本人就曾为挣脱了这些观念花去一段时间，在这个过程中我的确发现它们本身也是迷信。因此从个人角度讲，我几乎难以再对下文中将要提到的作者给以苛评。

　　不过，为了不至于让读者得出错误的结论，在这里提一下我的《为什么我不是保守主义者》一文（1960：跋）大概是适当的。我的论证虽然是针对社会主义，但是就像艾德蒙·柏克一样，我和托利党的保守派很少相似之处。我的保守主义，就它的本来面目而言，仅仅限于受到一定界定的道德。我完全赞成进行试验——当然也赞成比保守主义政府乐于允许的更多的自由。对于那些我与之讨论问题的理性主义知识分子，我所反对的不是他们在从事试验；相反，他们从事的试验太少了，他们所热衷的试验，大都变成了平庸无奇的事情——重返本能的想法其实就像刮风下雨一样平常，如今经常有人在做这种尝试，因此已经搞不清楚从什么意义上说它还能算是一种试验。我反对这样的理性主义者，因为他们声称自己的试验由其性质所定是理性的结果，他们用伪科学的方法论为这种试验乔装打扮，借此在有势力的人中间招兵买马，让极为可贵的传统行为方式（在世世代代的进化过程中进行试错试验的成果）受到无端的攻击，从而使他们自己的"试验"避开世人的审查。

理智的人倾向于过高地估计理智，倾向于认为我们必须把自己的文明所提供的优势和机会，一概归功于特意的设计而不是对传统规则的遵从，要不然就是认为，我们运用自己的理性，通过对我们的任务进行更为理智的思考，甚至是更为恰当的设计和"理性的协调"，就能消灭一切依然存在的不可取现象。只要认识到这一点，我们当初因为看到聪明人倾向于成为社会主义者而生出的诧异，也就会烟消云散了。这种思想倾向会让人不由自主地赞成对经济进行集中计划和控制，而这正是社会主义的核心。当然，知识分子要求对他们希望做的事情一概要有所解释，对于恰巧在他们生活于其中的社会里起支配作用的行为方式，他们会因为其来历不明而不愿接受；这会使他们和默默接受现行行为规则的人发生冲突，或至少是瞧不起他们。不难理解，他们也会希望同科学和理性结盟，同过去几百年里自然科学取得的异乎寻常的进步结盟，因为他们一直受着这样的教育：科学和理性的结果不外乎建构主义和唯科学主义，他们感到很难相信还能存在着源于特意试验以外的任何有用的知识，或者承认他们自己的理性传统之外任何传统的效用。一位出色的史学家就曾以这种态度写道："根据定义，传统几乎只配受到谴责，它是一种令人好笑和可憎的东西。"（塞顿—沃森，1983：1270）

根据定义：巴里（1961，同上）曾想利用"分析性的定义"，把道德和公正变成不道德和不公正；塞顿—沃森在这里也想对传统采取同样的措施，用严格的定义把它变成应予谴责的东西。我们在第七章还会谈到这些"词"、这些"新说法"，现在还是让我们更贴近地考察一下事实吧。

这些反应都不难理解，但是它们后果严重。如果发生以下情况，这些严重的后果无论对理性还是道德都特别危险：更为偏爱这种相沿成习的理性传统而不是理性的真实产物，会使知识分子无视理性在理论中的局限性，不考虑由历史信息和科学信息组成的世界，总是漠视生物科学和经济学之类有关人的科学，使他们对我们的传统道德规则的起源和作用做出错误的解释。

就像其他传统一样，理性传统也是通过学习得到的，不是先天的。它也处在本能和理性之间；对这种所谓的理性和真理传统的合理性以及真实性问题，现在必须给予严格的评估。

道德和理性：若干实例

为了不至于让人认为我是在夸大其辞，我想立刻提出几个实例。我打算对我们一些伟大的科学家和哲学家的思想加以评论，但我不想对他们有失公允。虽然就他们自己的观点而言，他们反映出了问题的严重性，即我们的哲学和自然科学还远远没有理解我们的主要传统所发挥的作用，但是通常他们对这些思想的普及并不承担直接责任，因为他们还有一些更好的事情要做。另一方面也不应当认为，我就要提到的那些言论，不过是那些出类拔萃的作者一时的或个别的失常表现。恰恰相反，它们是从一种根深蒂固的理性主义传统中得出的始终不变的结论。我当然不怀疑，在这些伟大的思想家中，有一部分人曾经努力想去理解人类合作的扩展秩序，但是到头来他们还是经常在不知不觉中成了这种秩序坚定的反对派。

但是，在传播这些思想上出力最多的人，即建构论理性主义和社会主义的真正信徒，并不是这些杰出的科学家。不如说他们大多数是所谓的"知识分子"，即我在另一篇文章中（1949/1967：178—194）称为"倒卖观念的职业好手"的那些人：教师、记者和"媒体代表"，他们在有了些道听途说的科学知识以后，便自封为现代思想的代表，自封为在知识和道德上比那些仍然看重传统价值者高一等的人、肩负着向公众提供新观念责任的人。他们为了使自己的货色看上去很新鲜，必须对一切相沿成习的事情大加嘲讽。在这种人看来，赋予自己的立场以"新颖"或"新事物"而不是真理，成了主要的价值，虽然很难说这是他们的本意——虽然在他们所提供的货色中，新的一点也不比真的多。此外人们也会怀疑，这些知识分子在应当做什么事上有更高明的见识，而得到的报酬却大大少于那些主宰着实际事务的人，他们是不是被由此产生的怨忿所激励。作品质量极高的韦尔斯，可以作为这些科学和技术进步的文学解释者的一个杰出典范，他们从真正的科学家那儿乞讨来一些观念，而在大力传播为每个人派发适当份额的中央指令性经济这种社会主义理想上，则远远胜过后者。另一个这样的事例是早期的乔治·奥维尔，他曾一度认为，"任何有头脑的人都完全明白，在可能的范围内，这个世界至少就其潜力而言是极为富足的"，因此我们可以"尽可能地对它进行开发，只要我们愿意，我们全都可以生活得像王公贵族一般"。

这里我想重点讨论的，不是韦尔斯和奥维尔这类作家的作品，而是那些最伟大的科学家所鼓吹的观点。我们可以从雅克·莫诺开始。莫诺是个伟大的人物，我也十分欣赏他的著作，从本质上说，他是现代分子生物学的创始人。但是他对伦理学的思考却有着不同的特点。1970年，他在诺贝尔基金会的一次以"价值在一个事实世界中的地位"为题的会议上说："科学的发展终于摧毁了这种观点，即伦理学和价值不是我们自由选择的问题，而是为我们规定义务的问题；科学的发展使这种观点变成了谬论，把它打入没有事实依据的胡思乱想之流。"（1970：20—21）此年稍后，他又重申自己的观点，在如今已很有名的《偶然和必然》一书中提出了同样的主张（1970/1977）。他劝告我们弃绝一切精神营养，承认科学是真理唯一的新来源，并对伦理学的基础做出相应的改造。就像许多类似的阐述一样，该书也以这样的观点作结："从本质上说不具备客观性的伦理学，永远被拦在知识领地之外。"（1970/1977：162）这种新的"知识伦理并不强加以于人；相反，是人把它强加给自己"（1970/1977：164）。莫诺说，这种新的"知识伦理，是即有理性主义又有坚定理想主义的唯一态度，以它为基础可以建立起真正的社会主义"（1970/1977：165—166）。莫诺的思想有其典型意义，因为它深深植根于一种知识理论，它试图以某些类型的行为更能满足我们的愿望为根据，建立起一门行为科学——不管你把它称为幸福论、功利主义、社会主义或无论什么东西。对我们的劝告是，我们应当使自己的行为有望造成这样一种状况，它会满足我们的欲望，使我们更加幸福，如此等等。换言之，需要这样一种伦理，人们在追求已知的、可取的和事先选定的目标时，能够随意遵循之。

莫诺的结论来自他的如下观点：除了把道德归因于人类的发明之外，对它的起源做出解释的另一种唯一可能的方式，就是许多宗教所提供的那种泛灵论的或拟人化的解释。不错，"就作为一个整体的人类而言，一切宗教都与拟人化的观点密不可分，它把神比拟成一个父亲、朋友或统治者，人们必须效忠于它，向它祷告，等等"（科恩，1931：112）。我就像莫诺以及大多数自然科学家一样，无法接受宗教这个方面的说法。在我看来，这是把大大超出我们理解力的东西，贬低到了比人类智力高级不了多少的水平。但是拒绝宗教的这个方面，并不妨碍我们认识到，我们可以把某些行为方式得到维护——也许是出于错误的理由——归功于这些宗教，在能够使人类大量生存下来这个方面，它们要比理性所成就的大多数事物更为重要。

莫诺并不是以这种思路讨论问题的唯一生物学家。对"进化规律"的错误解释，会把卓越的头脑引向何等荒谬的境地，在我看到的人中间，几乎谁也比不上另一位大生物学家和博学的学者的言论更能说明这个问题（见第一章）。李约瑟写道："社会公正和同心同德的新世界秩序，合理的无阶级国家，并不是狂热的理想主义之梦，而是从整个进化过程中得出的合乎逻辑的推论，它的权威性丝毫不亚于它的前提，因此在所有信仰中它是最理性的。"（李约瑟，1943：41）

我会再回到莫诺上来，不过我还得再搜集几个事例。我过去曾讨论过的（1978）一个最恰当的事例，是约翰·凯恩斯，在从传统道德中解放出来的那一代人中间，他是最具代表性的知识分子领袖之一。凯恩斯相信，和遵守传统的抽象规则形成的世界相比，他通过计算一些可预见的后果，能够建立起一个更加美好的世界。凯恩斯喜欢用"因循守旧的智慧"这种说法来表示自己的轻蔑，在一段坦率的自传性言论中，他提到自己年轻时那个剑桥小圈子——他们大多数成员后来都属于布卢姆茨伯里团体——"都摒弃了我们所承担的遵守普遍规则的个人义务"，他们"从严格的意义上说，都是不道德的人"。他谦虚地补充说，到了45岁这把年纪，他已经老得不能再有所改变了，于是只好继续做个不道德的人。这位不同寻常的人物还为他的一些经济观点以及他对管理市场秩序的信念进行辩解，其根据则是"从长远看我们终有一死"（也就是说，我们不必在乎自己会造成什么样的长远伤害；只考虑眼前的事情就行——包括公众的意见、要求、选票以及煽动家的废话和许诺）。"从长远看我们终有一死"这种说法是一种很典型的表白，即不愿意承认道德涉及长远后果——我们无从体验的后果，对那些有长远目光的通过学习得到的规矩，倾向于弃之如敝履。

凯恩斯也反对传统的"节俭美德"，他像成千上万浅薄的经济学家一样，拒不承认要想增加资本产品（即投资），一般需要减少消费需求。这又使他把自己令人生畏的智力用来建立他的经济学"通"论——我们认为，这就是本世纪下半叶长达20多年世界范围内罕见的通货膨胀以及随后不可避免出现的严重失业的原因所在（1972/1978）。

由此可见，让凯恩斯头脑混乱的不只是哲学，还有经济学。阿尔弗雷德·马歇尔理解这个问题，但是他似乎未能把约翰·斯图亚特·穆勒年轻时就得出的重要见解，即"对商品的需求不同于对劳动力的需求"让凯恩斯留下足够深刻的印象。莱斯利·斯蒂芬爵士（弗吉尼亚·沃尔夫之父，布卢姆茨伯里团体的另一成员）在1876年把这种理论描述为"没有几个人理解的理论，大概可以把是否对有它充分的估价作为对经济学家的最好检验"——而凯恩斯对他说出这样的话竟加以嘲讽（参见哈耶克，1970/1978：15—16，1973：25；对穆勒和斯蒂芬的讨论见1941：433以下各页）。

不管凯恩斯本人如何认为，他在削弱自由上贡献甚大，但是他并没有采取和他那些布卢姆茨伯里的朋友们一样的社会主义立场，这令他们感到愤怒；不过他的大多数学生都是这样或那样的社会主义者。不管是他还是他的学生，都不承认扩展秩序必须建立在长远的考虑上。

在凯恩斯观点背后有一种哲学幻觉，即存在着一种难以定义的"善"的属性———种有待每个人去发现的属性，它使每个人承担起追求这种善的义务，只要认识到这种善，就有理由蔑视和不考虑许多传统道德规范［这是通过穆尔的著作（1903）支配着布卢姆茨伯里团体的观点］——这种哲学幻觉，使他对养育自己的源泉产生了一种典型的敌视态度。这也明显地表现在E.福斯特身上，他曾一本正经地主张，把人类从"商业制度"的罪恶中解放出来，就像把他们从奴隶制中解放出来一样迫切。

和莫诺以及凯恩斯相似的情感，也来自一位名望稍逊但也很有影响的科学家：担任过世界卫生组织第一任秘书长的心理分析学家奇泽姆。他简直就是在鼓吹"消灭对错观",坚持认为心理学家的任务就是使人类摆脱"陈腐的善恶负担"——这种建议在当时受到了美国上层法律权威的赞扬。道德在这里再次被视为——既然它没有"科学"根据——非理性的,它作为世代积累起来的文化知识是不被承认的。

不过还是让我们来看看一位甚至比莫诺和凯恩斯更伟大的科学家——爱因斯坦,他或许是我们时代最伟大的天才。爱因斯坦所关注的是一个不同但密切相关的问题。他采用了一句流俗的社会主义口号,认为应当用"为用途而生产"取代资本主义秩序中的"为利润而生产"(1956:129)。

这里的"为用途而生产",是指在小团体中根据产品由谁使用的预测从事的劳动。但是这种情感没有考虑到以上各章阐述过的观点,对它应当重申如下:在自发产生的秩序中,只有不同商品和服务的预期价格与其成本之间的差别,能够告诉每个人如何为一个蓄水池做出最大的贡献,而我们大家都是从这个蓄水池中按自己所做贡献的比例汲取所得。爱因斯坦似乎没有明白,只有按照市场价格进行核算和分配,才能够使我们发现的资源得到集约化的运用,引导生产服务于各种生产者无法想到的目的,使每个人都能有效地参与生产交换〔首先是通过服务于大多数他素不相识的大众,满足他们那些他确能有所贡献的需求;其次是他本人实际上也可得到很好的供应,因为对他的存在一无所知的人,也是在市场信号的诱导下为他的需求提供服务(见前一章)〕。爱因斯坦顺从于这样的情感,表现出他对协调人类努力的实际过程缺乏了解,或是并没有真正的兴趣。

据给爱因斯坦作传的作家说,爱因斯坦认为不言自明的是,"人类的理性肯定能够发现一种像生产方式一样有效的分配方式"(克拉克,1971:559)。这段记述不禁让人想到哲学家伯特兰·罗素的主张,他认为一个社会很难被认为是"完全科学的",除非"它精心建立起某种完成特定目标的结构"(1931:

203）。这种要求，尤其是出自爱因斯坦之口，表面上看如此合理，以至于当一个聪明的哲学家嘲笑爱因斯坦在自己的一些通俗读物中信口开河时，也以赞许的口气说，"爱因斯坦清楚地知道，目前的经济危机要归咎于我们为利润而生产而非为用途而生产的制度，归咎于我们生产力的巨大增长实际上没有伴随着广大群众购买力的相应增长这一事实"（M. R. 科恩，1931：119）。

我们还发现爱因斯坦也在重复（见前引论文）"资本主义社会的经济无政府状态"这种社会主义煽惑人心的陈词滥调，在这种社会里"工人的报酬不是由产品的价值决定的"，而"计划经济……会把需要做的工作分配给全体有劳动能力的人"，如此等等。

与此相似但更为审慎的另一种观点，出现在爱因斯坦的合作者马克斯·玻恩的一篇文章里（1968：第五章）。玻恩显然认识到我们的扩展秩序已不再满足原始的本能，然而他也没有仔细地考察一下创造并维持这种秩序的结构，或认识到我们出自本能的道德在过去五千多年里，已经逐渐被废除或受到了限制。因此，虽然他知道"科学技术大概已经无可挽回地破坏了文明的伦理基础"，他却虚幻地以为，它们之所以造成这样的结果，不是因为它们系统地使信念失去了威信，而是因为它们揭示出，这些信念没有满足建构论理性主义所要求的某些"可以接受的标准"（见下文）。玻恩同意，"至今尚没有人设计出一种不需要传统的伦理原则也能维护社会团结的方法"，他却希望能够"用科学中所使用的传统方法"来取代它们。他也没有明白，处在本能和理性之间的东西，是不能用"科学中使用的传统方法"来代替的。

我的事例取自 20 世纪一些重要人物的言论；我没有把无数这样的人包括进来，例如米利坎、爱丁顿、索迪、奥斯特瓦尔德、索尔维、贝尔纳等人，他们全都曾经在经济问题上信口开河。当然，人们还可以引用出自较有名气的科学家和哲学家之口的数百条类似的言论——不管是过去数百年里的还是当今这个时代的。不过我相信，更细致地考察一下这些当代的具体事例，而不是简单地罗列那些引语和例证，我们能够得到更多的教益。大概首先应当指出的，这些事例尽管不能说如出一辙，却具有某种家族式的共性。

连环错误论证

在这些事例中出现的观点，全都有一些相互密切联系在一起的主题根源，它们并不正好有共同的历史前辈。对一些背景文献不熟悉的读者，也许不会一眼就能看出其中的一些相互关系。因此在进一步探讨这些观点本身之前，我打算先找出一些反复出现的主题，它们中间的大部分，乍一看上去好像无懈可击，而且它们全都为人们所熟知，但是它们加在一起，却构成一种论证。这种"论证"也可以被称为"连环错误论证"（litany of errors），或一个炮制推断式的理性主义的配方，我把它称为唯科学主义或建构主义。在动身之前，我们不妨先来参考一份"知识资源"，一本字典，即一部包含着许多配方的书。我从十分有用的《方塔纳—哈泼现代思想词典》中找出了四个基本哲学概念的简短定义，这些概念对于在唯科学主义和建构主义这条线上受过教育的当代思想家，有着普遍的指导作用：理性主义、经验主义、实证主义和功利主义。在过去几百年里，这些概念渐渐地被人们认为是科学的"时代精神"具有代表性的用语，根据这些由一位英国哲学家、牛津三一学院院长昆顿写下的定义，理性主义认为，除非有经验和推理——不管它是归纳的还是演绎的——的基础，一切信念都是不可接受的。经验主义主张，任何声称表达知识的命题，仅限于那些其正当性有经验依据的命题。实证主义则被定义为这样一种观点，所有真正的知识都是科学知识，这里所谓的科学，是指它描述了可观察现象的共存性和连续性。而功利主义"把行为给每个人造成的快乐和痛苦，作为行为正当与否的标准"。

就像人们会在前一节引用的事例中隐约感到的那样，在这些定义里人们会十分清楚地看到现代科学和科学哲学的信仰宣言，以及它们针对传统道德的战争宣言。这些宣言、定义和主张给人的印象是，唯有可以用理性加以证实的，唯有被观察实验所证明的，唯有那些能够体验到的，唯有那些能够加以检测的，才是值得相信的；唯有让人愉快的事才是应当做的，其他事情必须统统放弃。这又直接导致一种主张，认为过去和今天创造着我们的文化的主流道德传统——它们肯定无法用这样的方式加以证实——是不值得遵守的，我们的任务只能是在科学知识的基础上建立一种新道德——通常是社会主义的新道德。

对这些定义连同我们前面的事例，如果给予更为细致的评价，可证明它们包含着如下预设：

（1）凡是不能得到科学证明或观察验证的事情，就没有理由遵守（莫诺，玻恩）。

（2）凡是没有理解的事情，就没有理由遵守。这种观点隐含在我们的所有事例中，不过我必须坦白，我本人也曾持有这种观点，并且我还能够从一位大体说我们观点一致的哲学家那里发现这种观点。卡尔·波普尔爵士曾经说过（1948/1963：122；着重体是我加的），理性主义思想家"不会盲从任何传统"，当然，这就像不服从任何传统也是不可能的一样。不过这肯定是个笔误，因为他在别的地方曾正确地说过，"我们根本不可能知道自己在谈论什么"（1974/1976：27，另见巴特利，1985/1987）。

（虽然自由人会坚持有权评估任何传统，并且在适当的情况下有权拒绝任何传统，但是如果他不假思索地拒绝一切传统，并且对其作用始终一无所知，那么他是不可能和其他人生活在一起的。）

（3）与此相关的观点是，对于一项具体的事业，除非对它的目标事先有充分的说明，就没有理由参与其中（爱因斯坦，罗素，凯恩斯）。

（4）另一个与此有密切关系的观点是，任何事情，除非不仅事先完全知道它的后果，并且还能充分观察到这种后果并能将它视为有益的，那就没有理由去做这件事情。

（第2、3、4条虽然侧重点有所不同，其实它们大体上一样。我在这里对它们加以区分，是想提醒人们注意一个事实，支持这些观点的论证——这取决于是谁在捍卫它们——或是根据缺乏普遍的可知性，或更具体一点说，是根据缺乏明确的目的或有关后果的全面而可观察的知识。）

还可以举出进一步的要求，不过这四项要求——我们将在以下两章加以评价——已可满足我们（主要是为了阐明观点）的目的。关于这些要求，首先可以指出两点：第一，对于我们的知识或我们的理性在某些领域可能有其局限性，它们都没有表现出任何自觉，或者说，它们都没有考虑，在这种情况下科学最重要的任务，可能就是找出这种局限性。下面我们就会知道，确实存在着这种局限性，它们能够部分地得到克服，譬如利用经济科学或"交换学"（catallactics），但是如果坚持以上四条要求，它们是不可能得到克服的。第二，我们发现，在支持这些要求的态度中，不仅缺乏对这些问题的理解，不仅没有考虑或解决这些问题，甚至令人不解地缺乏一种好奇心，丝毫没有想想我们的扩展秩序是如何出现的，它是如何得到维持的，假如破坏了创造并维持这种秩序的传统，会造成什么后果。

积极自由与消极自由

有些理性主义者会发出进一步的抱怨，对此我们几乎还没有给予考虑：资本主义的道德和各种制度，不但未能满足以上评论过的那些逻辑的、方法论的和认识论的要求，它甚至还给我们的自由，例如我们不受限制地"表达"自我的自由，加上了不堪承受的重负。

对付这种抱怨不能依靠否定显而易见的事实，即我们着手写作本书时所依靠的真理——道德传统确实会让许多人有些负担感。不管是在这里还是在以下各章，为了回答这种抱怨，还得观察一下我们从承受这种负担中得到了什么，以及不这样做会有什么结果。我认为，实际上文明的一切好处，甚至包括我们的生存，都取决于我们不间断地愿意承担起传统的负担。这些好处固然不能使负担变得"合理"，但是改弦易辙只会造成贫困和饥荒。

我不想一一清点或评论所有这些好处，也不想"记下主对我们的恩赐"，但是我可以在一个略有不同的背景下，再次提出一个也许最让人哭笑不得的好处——我这里想到正是我们的自由。自由要求允许个人追求他自己的目标：所谓自由的人，是一个在和平年代不再受其共同体具体的共同目标束缚的人。这种个人决定的自由之成为可能，是因为规定了明确的个人权利（例如财产权），并界定了每个人能够把自己所掌握的手段用于个人目标的范围。也就是说，为每个人都规定了一块公认的自由领地。这件事至关重要，因为拥有自己的东西，不管它多么少，构成了独立的个体得以形成的基础，它创造了能够追求具体的个人目标的特定环境。

但是，一种普遍的臆断，即有可能取得这种没有限制的自由，却造成了混乱。这种臆断反映在出自伏尔泰之口的格言：
"quand je peux faire ce que je veux，voila la liberte"（"自由者，
可随心所欲之谓也"），反映在边沁的"每一条法律都是罪恶，
因为每一条法律都是对自由的破坏"这种言论上（1789/1887：
48），也反映在伯特兰·罗素的自由"就是我们实现自己的愿望
不存在障碍"这种定义上（1940：252），以及无数其他文献上。
然而这种意义上的普遍自由是不可能的，因为每个人的自由都会
颠覆所有其他人拥有的无限自由，即不受限制的自由。

因此，问题在于如何为所有的人保障尽可能多的自由。这可
以通过用抽象规则对一切人的自由做出统一的限制加以保障，这
些规则禁止对所有其他人（或由他们）实施任意的或歧视性的
强制，禁止对任何其他人自由领域的侵犯（见哈耶克，1960，
1973，以及本书第二章）。简言之，要用抽象规则代替共同的具
体目标；政府的必要性仅仅在于实施这些抽象规则，以此保护个
人的自由领域不受他人的强制或侵犯。所谓奴隶制，无非就是强
制人们服从共同的具体目标，而服从共同的抽象规则（不管他
们是否有负担感），则为最不同寻常的自由和多样性提供了空
间。有时人们担心这种多样性会导致混乱，它威胁到和我们的文
明联系在一起的相对秩序，其实更大的多样性却会带来更大的秩
序。因此，和没有限制的自由相比，通过服从抽象规则而实现的
自由，正如普鲁东所言，是"秩序之母，而不是它的女儿"。

其实，没有理由期待习惯做法得到的进化选择会产生幸福。
对幸福的强调是理性主义哲学家所为，他们认为，必须为人们的
道德选择找出自觉的理由，所谓理性，也就是对幸福的自觉追
求。但是，追问人们有什么自觉的理由采用自己的道德规则，就
像追问人们有什么自觉的理由运用他的理性一样错误。

不过不应忘记，我们生活于其中的演化的秩序为我们提供的
幸福，有可能等于乃至超过原始秩序为极少数人提供的幸福

（这并不是说这种事是可以计算的）。现代生活中的许多"异化"和不幸有两个来源，其中一个主要影响到知识分子，另一个影响到物质丰富的全体受益者。前者是一个有关任何生活在不符合自觉控制这一理性主义标准的"制度"中的人进行自我完善的预言。因此从卢梭到福柯和哈贝马斯这些法国和德国的当代思想界人士，都认为异化存在于一切未经个人自觉的同意便把秩序"强加于"他们的任何制度之中；因此他们的追随者倾向于认为文明是不堪忍受的——根据定义，事情只能如此。其次，坚持利他主义和休戚与共的原始本能，使那些遵守扩展秩序中非人格化规则的人，不得不承受"坏了良心"这种如今十分流行的恶名。同样，取得物质上的成功据说会面对内疚感（或"社会良知"）。于是在物质丰富的环境里，不但有残留的贫困造成的不幸，而且有——在本能和狂妄的理性看来——同秩序格格不入而引起的不幸，因为这种秩序有着非本能的和超越理性的明确特征。

"解放"和秩序

在不像反"异化"的论证那般玄妙的层面上，是从文明的负担中获得"解放"（liberation）的要求——这些负担包括遵守劳动纪律、责任心、承担风险、节俭、诚信守诺，以及普遍规则对人类敌视陌生人、愿意同和自己相似的人同甘共苦的本能反应——这是对政治自由更为严重的威胁——加以约束引起的麻烦。因此"解放"虽然说起来是个新概念，就它摆脱传统道德的要求而言，其实也是一种很古老的现象。赢得了这种解放的人，将破坏自由的基础，允许人们做那些将文明赖以存在的条件摧毁贻尽的事情。一个例子是"解放神学"，尤其是南美洲天主教会中的这种货色。不过这场运动并不限于南美洲。人们到处在以解放的名义弃绝那些使他们能够达到目前的合作规模和程度的行为方式，因为根据他们的观点，他们也没有理性地认识到，和集中控制的做法相比，法律和道德规则对个人自由的某些限制，如何使一个更大的——而且是更自由的！——秩序成为可能。

这些要求主要来自我们已经讨论过的理性主义的自由主义传统（十分不同于源自英国老辉格党的政治自由主义），它意味着自由不能和个人行为受到的任何普遍限制共存。从上述伏尔泰、边沁和罗素的言论中，都可以听到这个传统的声音。不幸的是，它甚至渗透到了英国"理性主义圣人"约翰·斯图亚特·穆勒的著作中。

在这些作者的影响下，大概尤其是在穆勒的影响下，我们只能以服从某些行为规则为代价才能享有使我们得以形成扩展秩序的自由这个事实，历来被用于为重返野蛮人所享有的"自由"状态的要求进行辩护，按照18世纪思想家的定义，这些野蛮人"尚不知财产为何物"。但是这种野蛮状态——其中包含着共同追求自己同胞的具体目标以及服从头领命令的义务或责任——很难被说成是一种自由状态（虽然它可能包含着从某些具体负担中得到解放的内容），甚至难以把它说成是一种道德状态。只有那些当人们根据自己的目标做出个人决定时必须予以考虑的普遍而抽象的规则，才担当得起道德之名。

第五章　致命的自负

传统道德无法满足理性主义的要求

前面提到的四条要求——凡是没有得到科学证实的，或没有被充分理解的，或目的缺少充分说明的，或有些不为人知的后果的，都是不合乎理性的——十分符合建构论理性主义和社会主义思想的口味。这两种立场本身，都来自一种对人类合作的扩展秩序的机械论的或物理主义的解释，即来自对秩序的这样一种理解：只要能够掌握团体中的成员所知道的全部事实，人们就可以对一个群体进行安排或控制。然而扩展秩序不是、也不可能是这样的秩序。

因此我愿意事先承认，传统道德和资本主义的大多数信条、制度和行为方式，都不符合这些要求或标准，而且——从这种有关理性和科学的理论的角度看——都是"非理性的"和"不科学的"。此外，正像我们也已承认的那样，继续遵守传统做法的人，他们自己通常并不理解它是如何形成或如何得到维持的，因此几乎无须奇怪，传统主义者有时为自己的做法提出的另一些所谓"证明"，往往十分幼稚（从而为我们的知识分子提供了猎捕的对象），并且与这些做法取得成功的真正原因无关。许多传统主义者甚至不愿意在那些根本无法提供的证明上费心思（这使知识分子可以指责他们是反智的或教条主义的），而是出于习惯或宗教信仰，继续奉行自己的做法。这并不是什么"新发现"。

早在 250 年前，休谟就观察到了"道德规则不是我们的理性得出的结论"。然而休谟的话并不足以阻止大多数近代理性主义者继续认为——他们却常常把休谟引为同道，这实在令人莫明其妙——凡不是来自理性的东西，不是胡说八道，就是随意的偏见，因此他们继续要求找到理性的证明。

不但传统的宗教信条，譬如对上帝的信仰，以及许多涉及性和家庭的传统道德（我在本书中不想讨论这些问题），无法符合这些要求，甚至我这里所关心的一些特殊的道德传统，私有财产、节俭、交换、诚实守信、履行契约，等等，也是如此。

考虑到这里提到的传统、制度和信念不但不符合上述逻辑的、方法论和认识论的要求，而且社会主义者还经常根据另一些理由反对它们，情况看起来就更加不妙。例如奇泽姆和凯恩斯就把它们视为"陈腐的负担"，韦尔斯和福斯特则认为它们是与卑鄙的贸易和商业密切联系在一起的（见第六章）。它们还被视为异化和压迫的来源，"社会不公正"的来源，这是今天特别时髦的观点。

这些反对意见得出的结论是，迫切需要建立一种新的、得到了理性的改造和论证的道德，它符合以上要求，因而它不会成为一种陈腐的负担，一种异化的、压迫性的或"不公正的"力量，也不会和贸易沆瀣一气。不过这还仅仅是这些新定理的制定者——爱因斯坦、莫诺和罗素这些社会主义者，以及自称"不道德的"凯恩斯——为自己安排的伟大任务的一部分。还必须建立新的理性主义语言和法律，因为出于同样的原因，现有的语言和法律也不能符合这些要求（就此而言，甚至科学规律也不符合这些要求，见休谟，1739/1951；波普尔，1934/59）。因为他们自己已经不再相信道德有任何超自然的依据（更不用说语言、法律和科学了），但又仍然坚信必须有某种证明，于是在他们看来这项令人生畏的任务就显得更为迫切。

　　人类因为按自己的设计建立起自己的世界而感到自豪，因为没有对它进行更好的设计而感到惭愧，既然如此，他现在便当真下手这样做起来了。社会主义的目标无异于对我们传统的道德、法律和语言重新进行全盘设计，以此为据，它要把阻碍着理性、完美、真正的自由和公证制度的旧秩序，以及断定为顽固不化的不合理状态，一扫而光。

传统道德的证明和改进

　　这种观点以及整个这项计划所依据的理性主义标准，说好听一点，是追求完美的建议，说难听了，不过是陈旧方法论中一些已经信誉扫地的原理，它们可能一直与被视为科学的东西结合在一起，但是和真正的研究毫不相干。在我们的扩展秩序中，一个经过了高度进化的复杂的道德体系，与受到建构主义、唯科学主义、实证主义、享乐主义和社会主义赞成的幼稚的理性理论同时存在。这样说并不是要反对理性和科学，而是反对这些有关理性和科学的理论，以及由此引起的一些行为方式。只要认识到按照这样的要求没有任何事情能得到证明，这一点就会变得显而易见。不但道德是如此，而且语言、法律甚至科学本身也是如此。

　　许多不熟悉科学哲学内部最近的进展和争论的人，对于我所阐述的观点也适用于科学这一点或许感到陌生。然而事实的确如此，不但我们目前的科学规律无法用建构主义方法论者所要求的方式加以证明，我们甚至有理由认为，我们终究会明白我们目前的许多科学猜测也是错误的。指导我们做得较我们过去的认识更为成功的观念，虽然可视为伟大的进步，但是从本质上说，它和它的先驱一样是错误的。我们从卡尔·波普尔那儿知道（1934/1959），我们的目标只能是尽量加快我们犯错误的过程。在这段时间里，如果我们抛弃所有当前不能证明为真的猜测，我们很快就会回到那些只相信自己本能的野蛮人的水平上去。然而这就是所有唯科学主义立场——从笛卡尔学派的理性主义到现代实证主义——所建议的事情。

的确，传统道德等事情无法用理性加以证明，但是同样真实的是，任何可能的道德规则，包括社会主义者能够提出的那些规则，也无法用理性加以证明。因此，不管我们遵守什么规则，我们都不能根据要求去证明它们。由此可见，有关道德——或科学，或法律，或语言——的任何论证，都不可能合乎道理地转变成证明问题（见巴特利，1962/1984；1964，1982）。如果我们因为不知道理由，或因为我们无法提出符合要求的证明，就什么事情都不做，我们大概也就活不了多久了。

这个证明的问题当然是一种无稽之谈，它部分归咎于一些错误的、前后矛盾的假设，它们来自我们的认识论和方法论主流传统，有时可以追溯到远古。证明问题上的混乱，尤其是具体到我们主要关心的问题，也来自奥古斯特·孔德，他相信我们可以对我们的道德体系进行全盘改造，用一种完全出自建构的、经过证明的（或者像孔德本人说的那样，"经过证实的"）规则系统取而代之。

这里我不想把传统的证明要求不恰当的原因一一开列清楚。不妨用证明道德观念的一种常见方式为例（它也适用于下一节的论证）。应当指出，像理性主义和享乐主义的伦理学那样假定，我们的道德的目的在于创造或追求某些特定的目标，只有在这个范围之内才能证明这种道德的合理性，这纯属无稽之谈。没有理由认为，在进化中得到选择的这些使人们能够养育更多人口的习惯做法，与创造幸福有多大关系，更不用说它受追求幸福的努力所左右了。相反，有许多事情表明，单纯以幸福为目的的人，会被那些想要保存生命的人所打败。

我们的道德传统虽然不能按照要求的方式进行建设、证明或证实，不过对其形成过程却是可以部分地进行改造的，并且在从事这项工作时，我们在一定程度上能够理解它们所满足的需要。在我们这项工作能够取得成功的范围内，我们当然会要求自己在内部批判的基础上，通过一点一滴的改进以消除那些公认的缺陷。也就是说，通过分析其各个部分的相互协调和一致性，对系统做相应的修补，以此对我们的道德传统加以改进和修正（见波普尔，1945/1966；1983：29—30）。

我们前面提到过的当代有关版权和专利的新研究，就是这种细小改进一个实例。另一个例子是，我们认为古典的（罗马法的）个人财产概念，主要是指我们可以用我们所喜欢的任何方式利用或滥用某种物体的排他性权利，但是它过分简化了为维护有效的市场经济所要求的规则，因此一个全新的经济学分支成长起来了，它希望明确如何改进传统的财产制度，以便使市场发挥更为出色的功能。

这种分析的第一步，包括对系统如何能够产生的过程进行所谓的"合理重建"。这实际上是一种历史的、甚至是自然史的研究，而不是去建构、证明或证实这个系统本身。它类似于休谟的追随者习惯于说的"猜测史学"（conjectural history），它能够让人理解为什么是这些而不是那些规则占了上风（但是绝没有忽略休谟的基本主张，即"道德规则并不是我们的理性得出的结论"，这一点常常不能得到足够的重申）。采取这种路线的，不但有苏格兰哲学家，还有一大批不绝如缕的文化进化研究者，从古罗马的语法学家和语言学家，到伯纳德·曼德维尔，经由赫尔德，再到贾姆巴蒂斯塔·维科［他有一种深刻的见解：homo non intelligendo fit omnia（"人变成了这个样子，但他并不理解这一过程"）；1854：V，183］，以及我们提到过的德国法律史学家如萨维尼，直到门格尔。门格尔是这些人中间唯一出现在达尔文之后的人，但是他们全都致力于给文化制度的出现提供一种合理重构，一部猜测的历史或进化论的解释。

在这个问题上我发现自己处境困窘，我很想说，最有可能对那些使文明得以成长壮大的道德传统做出解释的，必定是我本人这个行业的成员，即经济学家，他们是理解扩展秩序形成过程的专家。唯有能够说明分立的财产之类的因素之相关作用的人，才能解释为何这种行为方式，使遵守它的群体胜过了那些其道德更适合于达到另一些目标的群体。我这种取悦于自己的经济学同行的愿望有部分合理之处，假如他们中间没有那么多人受到建构主义的影响，这一愿望也许更为妥当。

道德是如何产生的呢？我们的"合理重建"是指什么呢？我们在前面几章已对此做了概述。建构主义主张，正确的道德可以由理性加以设计和重建，除此之外，道德至少还有两个可能的来源。首先是我们说过的内在道德，即我们本能的道德（休戚与共、利他主义、集体决策，等等），由此产生的行为方式不足以维持我们目前的扩展秩序及其人口。

其次是维持着扩展秩序的、演化出来的道德（节俭、分立的财产、诚信，等等）。我们已经知道，这种道德处在本能和理性之间，由于对本能和理性错误的两分法而变得含糊不清。扩展秩序依靠这种道德，因为它的产生事实上正是因为遵守其基本规则的群体，相对其他群体而言人财两旺。我们的扩展秩序和市场的奥妙，一个让社会主义者和建构论者栽跟头的奥妙是，和受人主宰的过程相比，我们利用这个过程能够从可发现的资源中得到更大的收获（当然在这个过程中也会发现更多的资源）。证明这种道德的合理性，虽然不能以它使我们做到这些事情从而生存下来为据，但是它确实使我们生存下来了，这中间大概有些需要解释的东西。

受事实知识引导的局限性；观察
我们道德作用的不可能性

存在着进行证明、建构或证实的可能性，这种错误假设的根源大概是唯科学主义。但是，唯科学主义的信徒就算知道了这一点，他们无疑也会倒退到他们陈旧的方法论中另一些要求上去，它与证明的要求有关，但并不严格地依赖这种要求。例如（再回头看看我们前面列举的要求吧）以下主张就会遭到反对：人们不可能彻底理解传统道德规则以及它们如何发挥作用；对这些规则的遵守并不服务于人们能够事先做出充分说明的目的；对这些规则的遵守会产生无法直接观察到的、因而也无法确定其是否有利的后果——并且在任何情况下都无法对它有充分的了解或预见。

换言之，传统的道德规则无法满足第二、第三和第四项要求。可以看出，这些要求相互之间紧密地联系在一起，因此在指出它们不同的侧重点之后，仍然可以把它们作为一个整体看待。所以为了简单地指明它们的相互联系，可以说除非人们事先知道并能充分说明自己行为的可观察的后果，不然人们就是不理解自己正在做什么，或自己的目的是什么。据说，如果行为是理性的，它就必须是考虑周全的和有预见的行为。

除非用十分宽泛而肤浅的方式解释这些要求，使它们特有的实践意义丧失殆尽，譬如说，市场秩序可以理解的目的就是它引起了"创造财富"这一有利的结果，否则遵守传统行为方式，如产生市场秩序的行为方式，显然不符合这些要求。我认为，参与我们讨论的任何一方，都不会根据如此肤浅的解释看待这些要求；不管是赞成者还是反对者，肯定都不会有这样的意图。我们承认，我们的传统制度并没有被人们所理解，它们不具有事先已得到说明的有利或不利的目的和作用，也许我们由此可以对我们的实际处境得出更为清晰的认识。而且这对于那些制度反而会更好。

在市场条件下（就像我们的扩展秩序中的其他制度一样），出人预料的结果至关重要：资源配置是由非人格的过程完成的，这在个过程中，为了自己的目标（它们本身也常常十分含糊不清）采取行动的个人，确实不知道而且不可能知道他们相互交往的净结果。

以如下要求为例：盲目地（即缺乏理解）顺从或采取行动是不理性的，一个有目的的行为，对它的意图和后果不但必须做到事先有充分的了解，而且它们还必须能够被充分地观察到，并且是最为有利的。现在我们用这种要求来衡量一下扩展秩序的概念。当我们在产生这种秩序的广阔的进化架构内思考这一秩序时，上述要求的荒谬之处昭然若揭。导致这种秩序本身的创立、使某些行为方式压倒另一些行为方式的决定性作用，是早先的个人行为很久之后才产生的结果。对于这种作用于群体的结果，早先的个人几乎不可能有所了解，即使早先的个人能够知道它们的作用，在他们看来这种作用也很可能没有任何益处，不管后来的个人有什么想法。对于后来的个人而言，没有理由认为，他们为了搞清楚自己遵守其行为方式的群体为何比其他群体更加繁荣兴旺，他们的全体成员（或任何哪个人）就应当对历史——姑不论进化论的知识和经济学——以及必须知道的一切事情具备充分的知识，虽然有些人无疑总是擅长于为当前的或当地的行为方式找出各种理由。许多演化出来的规则，为扩展秩序中更大的合作与繁荣提供了保障，它们有可能全然不同于任何能够预见的事情，甚至有可能在这一秩序的进化过程中，迟早会让某些人产生反感。在扩展秩序中，在每个人为达到自己的目标而必须做什么上起决定作用的环境，显然包含着其他许多素不相识的人就采取什么手段以达到他们自己的目的而做出的不为人知的决定。因此不管是在这一过程的哪个时刻，个人都不能根据自己的目的，对逐渐形成秩序的规则的功能进行设计。只是到了后来，我们才有能力以回顾既往的方式，从原理上对这种形成过程做些不尽完美的解释（见哈耶克，1967，前两篇论文）。

在英语和德语中，没有现成的词汇可以用来准确地表明，扩展秩序或它的作用方式与理性主义者的要求相悖。唯一一个恰当的词——"超验"（transcendent）——已经被人糟蹋了，这使我在使用它时迟疑不决。不过按其字面含义讲，它的确是指那种大大超出我们的理解力、我们的愿望和意图、我们的感知范围的现象，即协调和生成知识——没有任何一个大脑或组织能够拥有或发明这种知识——的现象。就其宗教含义而言这一点十分明显，例如我们在《主祷文》中见到的祈求，"让你的意志（也就是说，不是我的意志）贯彻于人世，一如它贯彻于天国"，或者如福音书所说："不是你们拣选了我，是我拣选了你们，并且分派你们去结果子，叫你们的果子常存。"（《约翰福音》，15：16）但是一种更为纯粹的有序化，即纯粹自然主义的有序化（不是来自任何超自然的力量），例如进化过程中的情况，却放弃了仍然存在于宗教中的泛灵论：有个唯一的（譬如万能上帝的）头脑或意志能够进行控制和建立秩序的观念。

以此为根据否定理性主义的要求，会给一切类型的拟人说和泛灵论——因而也会给社会主义——造成重要的后果。假如个人活动在市场中的协作，就像其他传统道德和制度一样，是一个自然、自发和自我生成秩序的过程的结果，其目的在于适应任何哪个头脑都无法知道甚至无法设想的大量具体事实，那么显然只有一种幼稚的拟人说，才会要求这些过程是公正的，或要求它具备另一些道德态度（见第七章）。对一个运用理性的控制力量主宰某个过程的人，或一个倾听祈祷的上帝，提出这样的要求当然没有什么不对，但是对一个实际运行中的、非人格的自发生成秩序的过程，提出这样的要求却是十分不恰当的。

在扩展范围大到已超出任何单个头脑的理解力和可能的支配范围的秩序中，统一的意志当然很难遵照某种具体的公正观，或按照公认的尺度，决定每个成员的利益。这不仅是因为拟人说有问题，也是因为"不论是对接受利益还是分配利益的人，并无原则可循（有人这样确定，有人那样确定）；因为它取决于这种意志的物质内容，而这又取决于具体的事实，因此不可能存在普遍原则"（康德，1798：II，6，注释2）。休谟和康德得出的结论，即自发性的发扬光大，必须使普遍规则得到全面贯彻的见解，从来没有被人驳倒过，而是仅仅被人忽略或遗忘了。

虽然"利益无原则可循"（因此也不会产生自发的秩序），但是对能够带来扩展秩序的公正规则加以抵制的做法，以及指责它们不道德的说法，却是来自肯定存在一定的利益原则的信念，来自拒不承认以下事实的态度：扩展秩序是产生于一个竞争的过程，决定成功与否的是这个过程，而不是某个伟大的头脑、某个委员会或某个神主的认可，也不是因为它符合某种有关个人功德的公认原则。在这种秩序中，某些人取得的进展，是以另一些人同样真诚甚至值得称赞的努力归于失败为代价的。奖励并不是为功德而设（例如遵守道德规则。参见哈耶克，1960：94）。譬如我们在满足他人的需求时，可以不考虑他们的功德或我们能够满足这些需求的理由。正如康德所知，没有任何共同的功德标准，能够对不同的个人所面对的不同机会做出判断，因为他们有着不同的信息、不同的能力和不同的愿望。这后一种情况当然十分常见。可以让一些人占据优势的大多数发现，都是出人预料的，不管对胜利者还是失败者都是如此。个人行为的必要改进而导致的产品的价值，很难说是公正的，因为它们的必要性是由不可预见的事情造成的。如果公正是指符合对与错的先入之见、符合

"公共利益"、符合过去已经获得的环境所提供的可能性，那么，进化过程向以前未知的领域的迈进不会表现出公正。

对这种道德上具有盲目性的结果，这种与任何试错过程分不开的结果，人们抱有可以理解的厌恶，这使得他们希望造成一种相互矛盾的局面：既要消除对进化——即试错过程——的控制，又要用自己当前的愿望塑造进化。但是，因为这种反应而发明的道德，却提出了一些任何系统都无法满足的自相矛盾的要求，因此它们会成为冲突不竭的根源。一种状况由其性质所定，它的结果不可能取决于任何人的知识或能够得到的知识，如果徒劳地试图让这种状况变得公正，只能毁了这一过程本身的功能。

对一个自然进化过程提出这些公正要求是极不恰当的，不但就过去已经发生的事情而言，而且就现在正在发生的事情而言，都是不恰当的。因为这一进化过程显然仍在进化之中。文明不但是进化的产物，也是一个过程；通过建立起普遍规则和个人自由的架构，它会让自己继续进化。这种进化不能用人们的需要加以支配，而且常常不会产生符合人们需要的结果。人们会发现一些过去没有实现的愿望得到了满足，其代价却是其他许多人的失望。虽然个人可以通过符合道德的行为增加自己的机会，但是由此产生的进化不会满足他的所有道德愿望。进化不可能是公正的。

坚持让一切未来的变化符合公正，这无异于要求终止进化过程。进化率领我们前进，肯定会带来许多我们既不想要也没有预见的结果，更不用说那些对其道德属性所抱的成见了。不妨问一下，如果贯彻——譬如说——平均主义或贤能治国信条的权力，在过去被授予某种神秘的力量，那会产生什么样的后果。人们很快就会发现，这件事会使文明的进化成为不可能。因此，罗尔斯的世界（罗尔斯，1971）绝对不可能变成文明世界：对于由运气造成的差异进行压制，会破坏大多数发现新机会的可能性。在这样一个世界里我们会失去这样的信息，只有它们，作为我们生活环境中千万种变化的结果，能够告诉每一个人，为了维持生产或——假如可能的话——增加生产，我们必须做些什么。

知识分子当然可以宣称已经发明了新的、更好的"社会"道德，它可以完成这项任务，但是这些"新"规则不过是重返微观秩序的原始道德这种一再犯下的过失，它们很难维持以宏观秩序为基础的千百万人的生命和健康。

我们必须拒绝拟人说，因为它是错误的，但是这种思想不难理解。这样我们就看到了我们所驳斥的知识分子观点中积极的和令人同情的一面。人的发明精神在建立超越个人的结构上贡献如此卓著，个人在这种结构之内找到了一些重大机会，人们因此以为，自己可以像设计部件一样对整体进行精心设计，仅凭存在着这种广大的结构，就说明能对它们进行专门设计。虽然这是个错误，却是个高尚的错误，用米瑟斯的话说，一个"壮丽的……雄心勃勃的……崇高的……勇敢的"错误。

目标不明：扩展秩序中行为的大多数目标
都不是自觉的或深思熟虑的

有些特殊的要点和问题，其中大多数都是对以上内容的深化，它们有助于澄清这些事情如何一起发挥作用。

首先是我们的知识实际上如何产生的问题。大部分知识的获得——我承认，认识到这一点让我花了不少时间——并不是来自直接的经验或观察，而是来自一个对通过学习得到的传统进行筛选的不间断过程，它需要个人承认并服从那些无法用传统理性学说加以证明的道德传统。传统选择过程的产物，选择对象则是那些非理性的，或不如说是"未经证明的"信念。这些超出任何人的知识范围和意图的信念，有助于信奉它们的人繁荣兴旺

（这与信奉它们的理由——例如宗教理由——没有必然联系）。
这个形成了各种习俗和道德观念的选择过程能够加以利用的实际
条件，较之个人能够认知的范围要大得多，因此传统在某些方面
比人类理性更优越，或"更聪明"（见前一章）。这种重要的见
解，只有那些极具批判精神的理性主义者才能认识到。

　　其次是前面提出的那个与此密切相关的问题，即在行为规则
的进化选择中，真正起决定作用的因素是什么。人类喜欢专注于
立刻就能感受到的行为后果，但它们在这种选择中是不重要的；
相反，在有长远作用的——凯恩斯嘲讽的正是这种长远作用
（1971，C. W.：IV，65）——行为规则指导下做出的决定所导
致的结果，才是选择的依据。正如前面的论证和以下讨论所示，
这些结果主要依靠保障每个人私人领域的财产和契约规则。休谟
早就指出过这一点，他写道，规则"并不是从具体的个人或公
众在享用任何具体好处时所得到的功利或优势中产生出来的"
（1739/1886：II，273）。人们在采用这些规则之前，并没有预见
到它的好处，虽然有些人会逐渐明白他们从整个体系中有何
收益。

　　对于我们前面的主张，即通过学习得到的传统起着"适应
未知事物"的作用，必须给予不折不扣的理解。对未知事物的
适应能力，是一切进化过程的关键，现代市场秩序在不断进行自
我调整时所针对的事件，当然是任何人都不可能全部掌握的。个
人或组织在适应未知事物时可以利用的信息，肯定是不完整的，
它们是由一些信号（譬如价格）经过环环相扣的众多个人来传
播的，每个人都以不同的组合方式，传递着抽象的市场信号流。
但是，整个行为结构倾向于利用这些局部的和零散的信号，适应
任何个人都不知道或预见的条件，即使这种适应绝没有达到完美
的程度。这就是这一结构得以生存的原因，也是利用这一结构的
人得以生存和繁荣的原因。

这种适应未知事物的自发产生秩序的过程，不可能为它特意计划一种替代方案。不管是人的理性，还是他内在的"善良本性"，都无法让人做到这一点，在面对因为先人一步找到了一些规则而开始扩张的竞争性群体时，为了维护自己，他只能服从那些他并不喜欢的规则——存在的只有这种严酷的必然性。

如果是我们精心构筑了或正在自觉塑造这个人类行为的结构，那么我们只需要问一下每个人，他们为什么同任何特定的结构发生相互作用。然而事实上，那些专业研究者，甚至在经过了数代人的努力之后，发现解释这些问题是极为困难的，他们无法就具体事件有何原因以及能造成什么结果达成共识。经济学一项奇妙的任务就是向人们证明，对于他们自以为能够加以设计的事情，其实他们所知甚少。

幼稚的头脑只能把秩序理解成有意安排的产物，在这种头脑看来，在复杂的条件下，通过分散的决定可以更有效地获得秩序和对未知事物的适应能力，以及权力的分化实际上会扩大全面秩序的可能性，未免是一种荒唐可笑的观点。但是，这种分权实际上使更多的信息得到了利用，这是否定建构论理性主义要求的主要理由。基于同样的理由，配置资源的权力以可以变化的方式分散在许多能够实际决定这些资源用途的个人手里——这种分散是通过个人自由和分立的财产做到的——才能使分散的知识得到最充分的利用。

只有在个人可以按照自己的决定运用他的知识时，才有可能使任何个人所拥有的许多具体知识全部得到利用。没有任何人能够把自己的全部知识都传达给别人，因为许多他能够亲自加以利用的知识，是在制定行动计划的过程中才变得明确起来的。这种信息，例如了解到他能够获得的各种物资相对匮乏，会随着他在自己所处的环境下着手具体的工作而出现。只有这样，个人才能够发现他在市场上应当寻找的，以及有助于他做到这一点的，是另一些人对他们在个人环境中的发现所做出的反应。整个问题不仅仅在于利用现有的知识，还在于在现有条件下尽可能多地发现有价值的信息。

时常有人指责说，财产制度是一种自私的制度，因为它只让那些拥有一些财产的人受益，而且它当然是由得到了一些个人财富的人"发明"的，他们为了利益的独享，希望保护这些财富不受别人侵犯。的确，卢梭的忿怒，他关于正是自私和剥削的利益使我们身陷"枷锁"的断言，都有这些想法从中作祟。但是它没有考虑到，我们的整个生产规模变得如此之大，完全是因为我们通过各有其主的财产的市场交换过程，能够利用广泛分布的有关具体事实的知识，来配置各有其主的资源。市场是唯一已知的方法，它能够提供信息，使个人可以对他们直接有所了解的资源的不同用途的相对利益加以权衡，并且不管他们是否有此意图，他们能够通过利用这些资源，为相距遥远素不相识的个人的需求提供服务。这种分散的知识从本质上说只能是分散的，不可能被集中起来传递给专门负责创设秩序这项任务的某个权力机构。

因此，分立的财产制度并不是自私的制度，它不是、也不可能是为了把财主的意志强加给其他人而"发明"出来的。相反，它的好处是普遍的，因为它把生产的支配权，从少数不管如何自负知识毕竟有限的个人那儿，转移给了一个过程，即扩展秩序，它使所有人的知识得到了最大限度的利用，因此使没有财产的人得到几乎和有产者同样多的利益。

所有的人在法治下享有自由，并不要求所有的人都能拥有个人财产，而是要求许多人都能够这样做。我本人宁愿没有财产生活在一片其他许多人拥有一些财产的土地上，也不愿生活在一个全部财产"集体所有"、由权力机构安排其用途的地方。

然而，这种观点也会受到批驳甚至嘲讽，说这是在为特权阶层的自私辩解。根据从物理学之类的领域中学来的解释有限因果关系的方法思考问题的知识分子，发现可以轻而易举地让体力劳动者相信，是资本的个人所有者的自私决定——而不是市场过程本身——在利用着广泛分布的机会和不断变化着的相关事实。根据市场价格进行核算的全过程，有时甚至被说成是资本家为了掩盖其剥削工人的行为而采取的阴谋诡计的一部分。然而这种批驳却没有顾及一再有人说过的论点和事实：某种可用于操纵全局的假定的客观事实整体，资本家是得不到的，就像社会主义者希望用来取代资本家的那些管理人员也得不到一样。这种客观事实根本就不存在，因此也不可能为任何人所用。

第三，对行为规则的遵守不同于对某些事物的知识（各种人以各种方式指出过这种不同，例如吉尔伯特·赖尔对"知其然"和"知其所以然"的区分。见 1945—46：1—16）。遵守行为规则的习惯是一种能力，它同某人的行为会有何种结果的知识极为不同。这种习惯行为应被视为理所当然，它是使自己适应或采纳一种模式的技巧，而个人对这种模式的存在几乎浑然不觉，对它的类属也几乎一无所知。然而，大多数人虽然无法解释或描述各种不同的模式，却能够意识到并使自己适应它们。因此，一个人如何对感知到的事件做出反应，起决定作用的不一定是他对自己行为结果的知识。因为我们经常没有、也不可能有这样的知识。既然我们无法获得这样的知识，要求我们应当具有这种知识，便很难说有任何合理之处；而且事实上，如果我们的所作所为，全让我们对这些结果确实掌握的有限知识来支配，我们的处境会更加可怜。

大脑或思维中预先形成的秩序或模式，不仅不是一种使秩序得以确立的高级方式，甚至是一种很初级的方式。因为它肯定只能是一个整体系统中的一小部分，在这个整体系统中，更大系统的某些特征能够反映自身。人的大脑几乎根本不可能充分解释自身（哈耶克，1952：8.66—8.86），就像它不可能说明或预测众多人类大脑相互作用的结果一样。

第四，重要的一点是，许多个人根据不同的信息分散做出决定，由此产生的秩序，不可能由不同目标相对重要性的统一尺度来决定。这使我们十分接近于边际效用问题，我们将把这个重要问题放到第六章再做讨论。不过这里不妨一般性地谈谈扩展秩序造成的差异所带来的好处。自由包括与众不同的自由——在自己的领地上追求自己的目标；但是，不仅在人类事务的领域，无论是在什么地方，秩序需要以它的构成因素之间的差异为前提。这种差异可能仅限于其构成因素时空位置的差异，但是，除非一种秩序有比这更大的差异，它就是一种没有意义的秩序。秩序之所以可取，不在于它能保持一切因素各就其位，而在于它能够生成在其他情况下不可能存在的新力量。对有序化水平——即秩序创造并提供的新力量——更有决定性作用的，不是其构成要素的时空位置，而是它们的多样性。

这方面的事例随处可见。想想遗传进化促进了人类婴幼儿期和童年期独特的延长这一现象吧，因为它能够产生极大的多样性，从而大大加快文化进化和人种的增加。虽然个人之间受生物学决定的差异，很可能要小于一些家养动物（尤其是狗）的差异，但是出生之后那个漫长的学习期，使个人有更多的时间去适应自己的具体环境并吸收自己生于其中的不同传统。使劳动分工、从而也使扩展秩序成为可能的技能多样化，要大大归功于这些不同的传统，而促进这些传统的则是人的各种天赋和偏好。然而，整个传统又是无比复杂的，不可能受任何个人智力的支配，因此除非让众多不同的个人吸收其不同成分，它便不可能得到继承。个体差异的巨大优势，在于它使庞大的群体更有效率。

可见，个体差异增强了合作的群体的力量，使其超出个人努力的总和。协调的合作让独特的天赋发挥作用，而具备这种天赋的人若是被迫孤身一人为生存而奋斗，就会使它得不到利用。专业化造成并鼓励少数个人的发展，使他们独特的贡献足以养活自己，甚至能够超过另一些人为整体做出的贡献。约翰·斯图亚特·穆勒曾把威廉·冯·洪堡的一句名言写在他的《论自由》的书名页上，用这句名言说，文明就是"人类最为丰富的多样性的发展"。

对这种差异或许起着主要作用的知识，远不是任何哪个人的知识，更不是某个发号施令的超级头脑的知识，而是从一个过程中产生的，在这个过程中，散布在千百万相互交往的个人中的、各不相同甚至彼此冲突的信念之间发生着实验性相互作用。人类表现出智力的提高，更主要的原因不是个人私有知识的增加，而是收集各种不同的分散信息的方式，这反过来又产生了秩序并提高了生产力。

由此可见，多样性的发展是文化进化的重要组成部分，个人对于别人的价值，大多是由于他和别人有所不同。秩序的重要性和价值会随着构成因素多样性的发展而增加，而更大的秩序又会提高多样性的价值，由此使人类合作秩序的扩展变得无限广阔。假如不是这样，譬如说，假如千人一面，谁都不能和别人有所不同，劳动分工就会变得没有意义（也许只有不同地区的人除外），相互协作的努力不会带来多少好处，也不会存在建立任何强大或巨大秩序的前景。

因此可以说，个人在能够自由加入复杂的合作结构之前，必须变得与众不同。进一步说，他们还必须结成一个性质独特的实体：它不仅仅是个总和，而且是一个结构，它在某些方面类似于有机体，在某些重要的方面又和它不同。

第五，有个问题是，既然存在着所有这些困难和反驳，为什么还会有人提出这样的要求，要把人们的行为限制在一心追求已知的和可观察的有益目标上呢？这部分是小群体中本能的、谨小慎微的、小家子气的伦理学的残留物。在这种小群体里，取得共识的目标是以彼此相识的同伴的需要为转移的（即休戚与共和利他主义）。前面我曾说过，在扩展秩序中，休戚与共和利他主义只能以某种有限的方式在一些小团体中有可能行得通，而且，如果把整个团体的行为限制在这种行为上，会破坏其成员的协作努力。相互合作的团体的成员的大多数生产活动一旦超出个人知觉的范围，遵守天生的利他主义本能这种古老的冲动，就会实际阻碍更大范围的秩序的形成。

一切道德体系都在教诲向别人行善，从这个意义上说，它们当然都赞扬利他主义行为，但问题在于如何做到这一点。光有良好的愿望是不够的——我们都知道这会铺出一条什么道路。严格地只去做那些对具体的他人明显有利的事情，并不足以形成扩展秩序，甚至与这种秩序相悖。市场的道德规则使我们惠及他人，不是因为我们有愿望这样做，而是因为它让我们按照正好可以造成这种结果的方式采取行动。扩展秩序以一种单凭良好的愿望无法做到的方式，弥补了个人的无知（由此也使我们——就像前面讨论的那样——适应了未知事物），因而确实使我们的努力产生了利他主义的结果。

在一个利用广泛的劳动分工导致的更高生产力的秩序中，个人再也不可能知道他的努力是在为谁或应当为谁服务，他也不可能知道自己的行为会给那些他不认识但消费着他的产品的人或给他所提供的产品带来什么后果。这样一来，他根本不可能再用利他主义来指导自己的生产活动。即使我们仍可把他的动机称为利他主义，因为他的动机最终注定会给别人带来好处，然而它们有此结果，却不是因为他的目标或愿望就是服务于别人的具体需要，而是因为他遵守了抽象的规则。就这种新的意义而言，我们的"利他主义"非常不同于出自本能的利他主义。不再是被追求的目标，而是得到遵守的规则，决定着行为的善恶。遵守这些规则，在约束着我们大多数谋生活动的同时，也使我们能够贡献出一些超出我们具体了解范围的好处（同时它很难阻止我们把自己剩余的所得用于满足我们出自本能的愿望，做些可观察到的善事）。由于社会生物学家对"利他主义"一词系统的滥用，这一切已经变得晦暗不明了。

要求人们的行为局限在一心追求已知的有利目标上，对此做出的另一种解释也值得一提。这种要求不仅是出自远古时代不明事理的本能，也来自赞成这种要求的知识分子所特有的一种品质——一种完全可以理解、但仍然是不攻自破的品质。知识分子特别急于知道，他们称之为自己"理智的产物"的思想，到底该用于什么终极目标。因此他们热切关注着自己思想的命运，他们非常不愿意失去对自己思想的控制权，尤其于体力劳动者不愿意失去自己的物质产品。这种反应常常使这些饱学之士不愿投身于交换过程——为不可知的目标而工作的过程，在这种情况下，他们的努力唯一可以辨认的结果，也许就是另一些人的利润。体力劳动者随时乐于承认，他的雇主的职责就是了解他的双手所从事的劳动最终会满足什么需求。而在一个服务或观念网络中相互作用的众多知识分子的产品中，一个知识分子个人的工作所占的位置却是不那么容易辨认的。受教育越多的人，越不愿意屈从于一些不可理解的指示——例如市场（尽管他们也在谈论"观念的市场"）。由此造成的结果是（也不是有意的），他们倾向于反对那些正可提高他们对自己同胞的作用的工作（他们没有理解的工作）。

这种消极立场有助于进一步解释知识分子对市场秩序的敌视，以及他们更为亲近社会主义的原因。如果这些人更好地理解了抽象的和自发形成秩序的模式在全部生命领域所起的作用，大概这种敌视和亲近倾向会趋于消失；假如他们对进化、生物学和经济学有更好的了解，他们无疑会做到这一点。但是在面对这些领域的知识时，他们往往听不进去，甚至不愿承认存在着我们的头脑只能得到一些抽象知识的复杂事物。因为有关这类事物一般结构的单纯的抽象知识，不足以使我们有能力真正"建造"它们（也就是说，用已知的片断把它们拼装在一起）或预见到它们所采取的具体形式。它充其量只能指出在什么样的一般条件下——我们有时或许能够创造这种条件——许多这样的秩序或系统会自动形成。研究类似的复杂现象的化学家很熟悉这种问题，而那些习惯于根据少数可观察的事件之间的简单关系解释一切的科学家，通常并不了解这种现象。因此，这种人会情不自禁地用一种泛灵论的方式，把较为复杂的结构解释成设计的结果，并且猜测，在到处都找不到其设计者的"设计物"背后，可能有种神秘莫测的操纵力——例如统治"阶级"的某种阴谋。这又使他们更加不愿意在市场秩序中放弃对自己产品的控制权。知识分子中有一种普遍的现象：感到自己不过是隐蔽的——即便是非人格的——市场力量的工具，这简直就像是一种对人格的侮辱。

他们显然没有认识到，他们以为资本家在支配着这一过程，其实资本家也是一个非人格过程的工具，他们也不清楚他们的努力的最终结果和目的，他们所关心的不过是整个结构中较高层次、因而范围也较大的事情。而且，想到他们自己的目标是否得到满足的问题要由这些人——只关心手段的人——的活动来决定，这件事本身就让他们生厌。

未知事物的有序化

英语中不幸缺少一个十分通俗的德语单词：Machbarkeit（可以办到的）。我有时突发奇想，说不定打造一个英语同义词，会对一项有益的事业有所贡献，这个词就是"makeability"——"manufacturability"（可以制造的）不十分恰当〔我本人使用的

"constructivism"（建构主义）也很难用"constructible"（可以建造的）来表示]。我们可以用它来表示我们在本章和前一章所提出、评价和批驳的观点，即利用人类的智巧，能够让通过进化产生的事物变得更好。

这种观点是站不住脚的。因为事实上，我们能够让未知事物有序化，唯一的办法就是诱导它自己产生秩序。对于我们的自然环境，我们为了达到自己的目标，有时当然可以依靠自然界自发的有序化力量，却不能随意地为各种因素安排我们希望它们采取的秩序。例如，当我们引发产生结晶或新化学物质的过程时，我们就是在做这样的事情（见前一节以及补论 C）。在化学中，甚至在生物学中，我们只能通过强化措施利用自发的有序化过程；我们能够创造出它们的运行的条件，但我们无法决定任何特定的因素会发生什么情况。大多数人造化学合成物都不是"可以建造的"，其意思是说，我们不能通过把构成它们的各种成分放在适当的位置上，把它们创造出来。我们所能做到的，不过是诱发它们的形成。

为了启动能够协调超出我们观察范围的个人行为的过程，也必须遵循类似的方式。为了诱发一定的人际关系抽象结构自发地形成，需要我们提供某些非常一般化的条件作为保障，然后让每个成员在这个更大秩序中找到自己的位置。我们对这一过程所能够提供的最大帮助，就是让这些成员只服从必要的规则。我们希望其产生的结构越复杂，我们的这种能力受到的限制也会越大。

一个发现自己在扩展秩序中处于一定的位置、只对自己身边的环境有所了解的个人，可以把这种建议用于自己的处境。他大概首先需要不断地对自己视野范围以外的事情进行探索，以便建立和维持创造了全面秩序的交流过程。当然，维持秩序内的交流，需要让分散的信息被许多彼此素不相识的不同的个人所利用，由此使千百万人的不同知识形成一个外展的或物质的模式。每个人都变成众多传递链中的一环，他通过这些传递链接收信号，使他能够让自己的计划适应并不了解的环境。全面的秩序由此变得具有无限的可扩展性，它自动地提供着有关日益扩大的手段范围的信息，而不是仅仅服务于特定的目标。

前面我们思考过这些交往过程——包括具有必要而不断的价格变化的市场——的某些重要方面。这里只需补充和强调一点，除了协调当前的商品生产和服务供应外，同样的传统和行为方式还供应着未来，它们的作用不仅会表现为一种空间秩序，还会表现为一种时间秩序。各种行为不但适应在空间上相距遥远的另一些人，也会适应超出行为者个人预期寿命的事情。只有自称不道德的人，才会在捍卫政策措施时拿"从长远看我们终有一死"做理由。因为只有那些习惯于努力为子女和有可能根本见不到的后代提供需要的群体，才做到了日益扩展和兴旺发达。

有些人被市场秩序的某些结果搞得心烦意乱，因此他们竟然忽略了一点：不管他们多么不喜欢甚至感到不可思议，这种秩序还是在现代世界的大多数地方占了上风，我们在这个世界里发现，千百万人民在不断变化着的环境中工作，为另一些他们大多数素不相识的人提供着物质手段，同时又在满足着自己的期待，因为他们自己也会得到同样素不相识的人所生产的各种商品和服务。即使是在最糟糕的时候，他们十有八九也会发现这些期待得到了证实。

这样一个秩序，虽然远不是尽善尽美，甚至经常失效，但是它和人们特意让无数成员"各得其所"而创造出来的任何秩序相比，却能够扩展到更大的范围。这种自发秩序的大多数缺陷和失效，多是因为有人试图干涉甚至阻碍它的机制运行，或是想改进它的具体结果。这种干预自发秩序的企图，很少会造成符合人们愿望的后果，因为决定这些秩序的，是任何执行这种干预的人都无从知道的许多具体事实。譬如，为消除秩序内的成员因为随机性而造成的利益不平等而特意进行的干涉，有可能毁掉整体的运行，而与任何同它对立的秩序所能提供的机会相比，自发形成秩序的过程能够保证使这个群体中的随便哪个成员，在一个人人都可利用的更大的机会范围内，交上更好的运气。

为何不知道的也是不能计划的

前面两章把我们带到了何处？卢梭对个人财产制度的怀疑，变成了社会主义的基础，并且还在继续影响着我们这个世纪一些最了不起的思想家。甚至像罗素这样的大人物，也把自由定义为"实现我们的愿望不存在障碍"（1940：251）。至少在东欧社会主义经济明显失败之前，这些理性主义者广泛认为，中央计划经济不仅会提供"社会公正"（见下面的第七章），还能使经济资源得到更有效的利用。这种观点乍看上去似乎合情合理。但是它忽略了刚才讨论过的那些事实：任何人都根本不可能知道人们在这种计划中所能够动用的资源总和，因此对这些资源不可能进行集中控制。

然而，社会主义者仍然不愿正视在让分散的个人决定符合那种自称为"计划"的共同的模式时遇到的障碍。一方面是自卢梭以来一直被等同于"道德"的我们的本能，另一方面是在文化进化中生存下来并限制着这种本能的道德传统，这两者之间的冲突，体现在如今经常做出的一种阵营划分上，一方是某些伦理哲学和政治哲学，另一方是经济学。关键不在于凡是经济学确定为有效的就是"正确的"，而在于过去一些被认为是正确的行为方式，经济分析能够阐明它们的作用——任何哲学，只要它不赞成使我们的文明陷入崩溃的痛苦和死亡，都会接受这种作用。因此，奢谈"公正的社会"而不仔细想想贯彻这种观点的经济后果，这根本就算不上是在关心他人。在经历了 70 年的社会主义试验之后，可以有把握地说，在从事过社会主义试验的地区——东欧和第三世界——以外的大多数知识分子，他们仍然自负地把可以在经济学中找到的教训置之度外，他们不愿意想一下，经常有人进行尝试的社会主义，为什么从来就没有产生它的知识分子领袖所设想的结果，这其中说不定会有某种理由。这些"知识分子"徒劳地追求一个真正的社会主义共同体，其结果是，他们先是把似乎无休止的"乌托邦"思潮理想化，然后是对它的幻灭——苏联，然后是古巴、中国、南斯拉夫、越南、坦桑尼亚和尼加拉瓜，这应当证明了社会主义或许有些不符合事实的东西。但是，这些一百多年前首先由经济学家做出解释的事实，一些人至今不予理会，他们沾沾自喜地站在理性主义立场上否定一种观点，即存在着某些事实，它们超越了历史背景，或对人类的欲望构成了难以逾越的障碍。

在这段时间里，在那些继承了曼德维尔、休谟和斯密的传统，从事经济学研究的人中间，不仅逐渐表现出对市场过程的理解，而且对于用社会主义取代这种过程的可能性，也日益持强烈的批判态度。这种市场方法的优越性与预期的情况如此不同，因此只能从回顾的角度，通过分析这种自发的形态本身来加以解释。人们在从事这项工作时发现，对资源进行分散的控制，通过个人财产进行控制，与集中管制所能做到的情况相比，可以导致产生更多的信息并使其得到利用。要想对超出任何中央权力视野之外的范围进行命令和控制，必须让那些能够对可见的和潜在的资源做出计算的地方管理者，也要做到随时了解这些资源不断变化着的相对重要性，然后把相关的全部准确细节及时通知某个中央计划当局，使它能够根据它从另一些地区或地方管理者那里——他们当然也会在获得和传递这种信息上面临同样的困难——得到的全部另一些不同的具体信息，告诉他们该做些什么。

一旦我们认识到这个中央计划当局所承担的是什么样的任务，我们就会明白，它必须发出的命令不可能是来自地方管理者视为重要的信息，而是只能通过明确控制着总量有限的资源的个人或团体之间的直接交易来决定。在描述市场过程时（从事这种描述的理论家通常并不想支持社会主义）惯于采用的虚拟假设造成的后果是，所有这些事实（或"数据"）可以被假定为是从事解释的理论家全部掌握的，这使整个问题变得含糊不清，结果造成了一些有助于维护各种社会主义思想的荒唐骗局。

扩展的经济秩序是、也只能是由一种完全不同的过程形成的，它是从一种由演化而来的交往方式中产生的，通过这种方式而得到传递的，不是有关具体事实的无数报告，而仅仅是各种具体条件的某些抽象性质，例如有竞争力的价格，为了达成全面的秩序，必须使这种信息进入相互交流。这些价格传达着各个参与者在他们能够支配其用途的商品或服务中发现的不同的替代率或均衡率。任何一定数量的这种事物，都可以证明是处于均衡状态，或可以相互替代，不管是为了满足具体人类需要，还是为了直接或间接生产能够满足这些需求的资料。竟然能够存在这样一个过程，更有甚者，它是在没有特意设计的情况下，由进化选择造成的，这固然令人惊奇，但是我不知道有谁试图反驳这种观点，或不信任这一过程本身——除非有人头脑简单地看待这种说法：不管怎么说，所有这些事实都能够被某个中央计划当局所掌握（关于这个问题，可参见有关经济核算的讨论，见巴贝奇，1832；戈森，1854/1889/1927；皮尔森，1902/1912；米塞斯，1922/1981；哈耶克，1935；拉特兰，1985；罗伯茨，1971）。

当然，整个"集中控制"的思想就是混乱的。没有、也不可能有一个单独的行使指挥权的头脑，总是存在着某个委员会之类的组织，负责为某项事业制定行动方案。虽然每个成员有时为了说服别人，援引一些对他们的观点有影响的具体信息，但是这个机构的结论并不是建立在共同的知识上，而是建立在根据不同的信息形成的各种观点之间达成的一致上。一个人所提供的每一点知识，都有可能使其他人想起另一些事实，他们是在得知一些过去他们并不知道的情况后，才意识到了这些事实的相关性。因此可以说，这个过程仍然是个利用分散知识的过程（因此也是一个鼓励交易的过程，虽然是采用了一种极无效率的方式——一种通常缺乏竞争并减少责任的过程），而不是一个把一些人的知识集中起来的过程。这个团体的成员很少能够相互说明他们的特定理由；他们主要是在交流他们从有关手头问题的个人知识中得出的结论。进一步说，那些思考相同境况的不同的人，他们所处的环境几乎很难说是真正相同的——至少就它涉及到扩展秩序中某个部门而不是仅仅涉及到一个多少自给自足的团体而言，事情只能如此。

在一个扩展的经济秩序中，离开由竞争性市场形成的价格的指导，不可能对资源进行精心的"合理"分配，大概这方面最好的事例，就是将现有流动资本在能够增加最终产品的不同用途之间进行分配的问题。从本质上说，这是一个能够节约出多少正在增加的生产资源，提供给和当前的需要有冲突的遥远未来的问题。当亚当·斯密思考这种资本的个人所有者所面对的问题时，意识到了这个问题的典型性，他写道："他能够把自己的资本用于哪些类型的国内产业呢，其中哪一种产品有可能最值钱呢？显然，处在自己环境中的个人所做出的判断，要比任何政治家或立法者为他做出的判断好得多。"（1776/1976）

如果我们考虑一下这样一个问题，即在扩展的经济系统中，在唯一一个发布命令的权力当局统治下，对一切可用于投资的手段加以利用，那么第一个困难就是，没有哪个人能够知道这些当前可用资本的确切总量，虽然从投资如果超出或少于这个量，肯定会造成不同商品和服务的需求差异这种结果的意义上说，这些资本肯定是有限的。这种差异不会自我修正，而是只能从发布命令的当局所发出的某些指令无法得到执行中表现出来，这或者是因为有些必要的货物并不存在，或者是因为缺少必要的辅助手段（工具、原料、劳动力），使提供的原料或设备得不到利用。任何必须予以考虑的量，都无法用调查或测算"既定"物品加以确定，而是只能由另一些人根据他当时具备的知识做出选择的可能范围来决定。要想使这项任务大体上得到解决，只能通过这样一些人的相互作用，他们能够通过当时各种条件对市场价格的作用，确定它们所揭示出的具体环境的相关性。譬如说，在这种情况下，现有"资本数量"就会证明，当现有"资本量"用于遥远的未来需求的份额，大于人们打算从现在的消费中节约下来以便为这种未来增加储备——即他们节约的愿望——的份额时，会发生什么事情。

　　理解了信息（或事实知识）传递的作用，也就为理解扩展秩序敞开了大门。然而这些问题是十分抽象的，受到支配着我们教育系统的机械论的、唯科学主义的和建构主义的理性教条熏陶，因而倾向于对生物学、经济学和进化论一无所知的人，尤其难以领会这一点。我承认，从我在"经济学和知识"（1936/1948）一文中首次取得突破，通过认识到"竞争是一种发现的方法"（1978：23—34）和"知识的僭妄"，再到阐述我的信息分散理论，直到最后提出我的有关自发形态比中央管制更优越的结论，的确也花费了一段漫长的时光。

第六章　贸易和货币的神奇世界

对商业现象的鄙视

对市场秩序的厌恶，并非全都来自认识论、方法论、理性和科学的问题。还有一种更晦暗不明的反感。要想理解这种现象，我们得步入这些相对合理的领域背后，看看一些更古老甚至更隐秘的东西：社会主义者在讨论——或原始人遇到——商业活动、贸易和金融制度时，产生的一些特别强烈的态度和情绪。

如我们所知，贸易和商业对保密往往有重要的依赖，一如它依赖专业化或个人知识，金融制度就更是如此。例如在商业活动中，除了个人有时间精力上的风险外，特殊的信息使个人能够对他们在具体投资中的机会和竞争优势做出判断。只有当取得特定环境的知识使人得到的优势，足以抵消为此而付出的代价时，人们才值得追求这种知识。假如每个商人必须把如何以及在什么地方能够获得更好或更便宜的货物公之于众，使他的竞争者立刻就能效仿他，那么他几乎一点也不值得做这种事情——不可能出现由贸易而增加的利润。再者，大量有关具体环境的知识是说不清楚的，也是很难说清楚的（例如一位企业家对某种产品可能成功的预感），因此除了动机的考虑外，也不可能把它"公之于众"。

根据并非人人都已知道并提前做了充分说明的情况——即恩斯特·马赫所谓"可观察的和可感知的情况"——采取行动，

当然违反了前面讨论过的理性主义要求。此外，不确凿的事情，往往也是不可信甚至可怕的事情。[顺便说一句，不只是社会主义者惧怕——也许是出于不同的理由——贸易的环境和条件。伯纳德·曼德维尔说，"想想在异邦经历的艰辛和不测，想想我们得越过的浩瀚大海，我们需要忍受的不同气候，我们必须屈尊求助的各个民族，这种极可怕的前景"，让他也"不寒而栗"（1715/1924：I，356）。意识到我们得严重依赖我们无法了解或控制的人类努力，不管对于从事还是回避这种事的人，当然都是令人沮丧的。]

　　自远古以来，在世界许多地方，这种担心和惧怕就使普通民众像社会主义者一样，认为贸易本身不仅和物质生产判然有别，不仅混乱而多余，不仅是一种方法上的错误，并且是令人生疑的、低俗的、不诚实的和可耻的。纵观历史，"生意人一直是普遍受到鄙视和道德诅咒的对象。……一个贱买贵卖的人本质上就是不诚实的……生意人的行为违背了存在于原始群体中的互助模式"（麦尼内尔，1981：35）。我记得艾里克·霍弗说过："对生意人的仇视，尤其是史官的仇视，就像有记录的历史一样古老。"

　　这种态度有诸多原因，也有许多表现形式。在早年的日子里，经常把商人拒之于社群中的其他人之外。遭此待遇者不限于他们。甚至一些手艺人，尤其是铁匠，被种田人和牧民怀疑为巫师，经常让他们远离村落。的确，不正是这些掌握"魔法"的工匠改变了原料的形状？买卖人和商人的作为更是远甚于此，他们加入了一个完全处在一般人感觉和理解范围之外的网络。他们从事着改变货物价值这种无形转化的勾当。东西的数量没变，它满足人们需求的能力怎么就变了呢？买卖人或商人，即那些似乎造成这种变化的人，是处在看得见的、公认的、人们所理解的日常秩序之外，结果在既有的等级制度中被排斥在尊贵等级之外。因此，甚至像柏拉图和亚里士多德这样的人，一个多亏了贸易才取得领先地位的城市中的公民，也瞧不起生意人。后来，在封建状态下，商业活动继续被视为低人一等，因为至少在少数小城镇之外，当时的生意人和手艺人的生命和货物的安全，要依靠那些手握宝剑的人以及受到他们保护的道路。贸易只有在以军事为业的阶层的保护下才能发展，他们的本钱是强悍的体魄，所要求的回报是占据较高的等级，享受一种高水平的生活。这种态度，甚至在情况开始发生变化时，仍然会在维持封建制度的任何地方徘徊不去，即使是自治城市中富裕的资产阶级或贸易中心，也不愿反对这种态度。于是，甚至到了上个世纪末，我们听说日本的"生意人仍然是个不可接触的阶层"。

想到商业活动经常笼罩在神秘气氛中，对生意人的鄙视就更容易理解了。"生意上的秘密"意味着有些人是从别人没有的知识中获利，这种知识往往同异邦的——甚至可能是令人憎恶的——习俗以及不为人知的国度，即神话故事和谣传中的国度有关，这就使它更形神秘。"Ex Nihilo nihil fit"（拉丁语："无中不能生有"）或许已不再是科学用语（见波普尔，1977/1984；以及巴特利，1978：675—76），但是它仍能主宰常识。看上去没从事任何物质创造，只是把已经存在的东西倒腾一下，便"无中生有"地增加了现有财富，这样的活动，散发着一股子妖邪之气。

物质努力、体力活动以及"额头上的汗水"，在强化这种偏见上想必也起到了被人忽视的影响。强健的体魄，常用的日常工具和武器，既看得见又摸得着，甚至对于自己没有这些东西的人，也没有任何"神秘"可言。体力的付出和这方面的能力，其本身就值得赞扬和尊重——这种信念几乎不必等到封建时代的来临。它是小群体遗传本能的一部分，并且一直保留在农场主、庄稼人、牧民、武士甚至小房主和手艺人中间。人们能够看到农夫或手艺人如何增加了有用物品的总数——并且根据看得见的原因解释了财富和权力的差别。

因此，体力上的竞争很早就已出现并受到人们的赞赏，原始人在争夺头领的地位和技能比赛时（见补论 E），便逐渐熟悉了检验外在体力优劣的各种方式。但是随着知识，另一些参与者不具备、而且他们中间的许多人也不可能具备的知识——它不是"公开的"或看得见的——成为一个竞争因素，于是，熟悉的因素和公平意识消失了。这种竞争威胁着休戚与共的状态和对共同目标的追求。当然，从扩展秩序的角度看，这种反应表现得十分自私，或者说是一种形式奇特的小群体自私行为，它让群体的休戚与共压倒了个人幸福。

这种情感在 19 世纪依然十分强烈。因此，当托马斯·卡莱尔这位对上个世纪的文人影响甚大的作家发誓说"只有劳动是高贵的"（1909：160）时，他显然指的是体力劳动，甚至是重体力劳动。他和卡尔·马克思一样，认为劳动才是财富的真正来源。这种特殊的情感如今可能正在衰退。我们出于本能，仍然很看重人类强健的体魄，但是它和生产力之间的关系在人类活动中所起的作用已经变小了，如今在这里表现出的能力，常常不再是指体力，而是指法律上的权利。当然，我们仍然缺不了一些十分强壮的个人，但是他们正在成为各种日益缩小的专业团体中不断增加的成员中的一类。只有在原始人中间，四肢发达还能说了算。

无论如何，货物交换和交易、更复杂的贸易形式、对各种活动的组织和领导，以及为了卖钱获利而转移现有货物，像这样一些活动，依然并不总是被人视为真正的劳动。许多人仍然难以同意，生活和享受的物质手段现有供应量的增加，在更大程度上是取决于改变物品相对数量和价值的物品流动，而不是把一种有形物质转变成另一种有形物质。也就是说，市场过程虽然是在和物品打交道，但它只是让它们流动起来，并不增加（不管说些什么还是就事论事）它们的外在数量。市场传递有关它们的信息，而不是生产它们，传递信息所起的关键作用，脱离了那些受机械论或唯科学主义习惯支配的人的视野范围，因为他们只认可和有形物体有关的事实信息，却不考虑不同物品的相对匮乏在决定价值上发挥的作用。

　　这儿有件滑稽事：有这样一些人，他们并不从在字面上不折不扣的唯物质论的角度——即从物品的物理数量的角度——思考经济事务，而是受价值核算的引导，也就是说，他们考虑的是人们对这些物品的需要，尤其是成本价格差，即利润。恰恰是这些人，习惯上却被人斥为物欲熏心的人。然而正是对利润的追求，使从事这种事的人不考虑他所认识的个人的具体需求的物质数量，而是考虑他们能够为总产出做出贡献的最佳方式，这个总产出则是无数素不相识的个人分别做出努力的结果。

　　经济学在这儿还有一个错误——一种甚至卡尔·门格尔的弟弟安东也在宣扬的观点，即"全部劳动产品"主要来自物质努力；虽然这是个古老的错误，不过约翰·斯图亚特·穆勒大概也像任何要对传播这种错误负责的人一样。穆勒在他的《政治经济学原理》（1848，"论财产"，第二卷，第1章第一节；《全集》，II：260）中写道，"财富生产的法律和条件带有物质真实性的特征"，分配却"仅仅是个人类制度的问题。东西一旦在那里，人类不管个人还是集体，便可以按自己喜欢的方式处置它们"，他由此得出结论说，"社会能够让这种分配服从它可以想出的无论什么原则"。穆勒在这里把生产规模作为一个独立于分配的纯粹技术问题来考虑，因此忽视了规模取决于对现存机会的利用，这是个经济学问题，而不是个技术问题。我们认为产量能够达到如此之大，是因为"分配"方式，即价格的决定作用。能够分配什么，取决于组织生产的原则——也就是说，在市场经济中，取决于价格机制和分配。断言"东西一旦在那里"，我们就能够以我们喜欢的方式自由处置它们，是完全错误的，因为除非个人确信能够从总量中得到自己的一份，从而提供了价格信息，东西是不会在那里的。

　　还有一个错误。就像马克思一样，穆勒也把价值完全当作结果而不是人类决策的原因。我们在下面详细讨论边际效用学说时，就会明白这种观点是多么荒谬——以及穆勒"关于价值规律，再也不存在有待现在或将来的作家加以澄清的问题，关于这个问题的理论已告完成"（1848：III，I，第一节，见《全集》，II：199—200）的说法是多么错误。

　　贸易，不管是否把它视为真正的劳动，是通过头脑的努力而不是肌肉运动，不但为个人也为集体带来了财富。仅仅把物品换换手，就能为所有参与者带来价值收益，并且这未必意味着以别人为代价取得收益（或人们所谓的"剥削"），这无论过去现在都不是一看就能明白的事情。亨利·福特的例子经常被人用来说明追逐利润如何惠及大众的道理，以便消除各种疑虑。这个例子当然很生动，因为人们从中很容易看到，一个实业家如何能够把自己的目标定为直接满足许多人的需要，并且他的努力在提高他们的生活水平上也确实大获成功。然而这个例子也有不足之处，因为在大多数情况下，提高生产率的作用是十分间接的，无法如此清楚地看到它的过程。譬如在生产金属螺钉、绳线、窗玻璃或纸张上的改进，受益者分布极广，因此也很难再具体察觉到其来源和效果。

　　所有这些情况造成的结果是，不少人继续发现，和贸易有关的技巧很容易受到人们的贬低，即使他们没有把它归入巫术之列；或是认为这种技巧所依靠的不过是设套行骗或狡猾的心计。这样得来的财富甚至还不如猎人或渔民的运气，与明显可见的功绩（例如取决于体力付出的功绩）没有多少关系。

　　但是，如果说这种"倒腾"出来的财富为厚道人所不齿，商人寻找信息的活动则真正引起了巨大的怀疑。涉及到贸易的运输，至少在做过耐心解释和论证之后，通常还能使民众部分地理解到它的生产作用。例如，只要指出不少东西只能通过把广泛分布在各地的物品集中在一起才能制造出来，即可纠正贸易只是在转移已有的物品这种看法。这些物品的相对价值并不取决于它们所包含的个别物质成分的属性，而是取决于在需要的地点全部现有的相对数量。因此，原料和半成品贸易是增加许多最终产品数量的前提，多亏了能够利用来自远方的原料（大概数量很小），才能把它们制造出来。能够用可以在某个地方找到的资源生产出来的一种具体产品的数量，有可能取决于只能从地球的另一头获得的数量很少的另一种原料（比如汞、磷粉甚至某种催化剂）。由此可见，贸易为物质生产创造了极大的可能性。

这种生产率，甚至这种把各种供应品带到一起的过程，也得依靠不断成功地找到广泛散布在各地并且不断变化着的信息——这种观点虽然更难以把握，但是对于理解这个过程的人，这却是显而易见的事情：贸易通过这个过程创造并引导着物质生产，因为给生产确定方向的，是有关不同地方的不同物品相对匮乏的信息。

存在于这种对商业活动持续不断的厌恶态度背后的主要原因，也许不过是一种简单的无知和观念障碍。然而它也同惧怕陌生事物的天性联系在一起：惧怕巫术和非自然因素，甚至惧怕知识本身，这要追溯到我们的起源，《创世纪》前几章中留下的无法消除的记忆——人类被逐出伊甸园的故事。一切迷信，包括社会主义在内，都在助长这种恐惧。

边际效用和宏观经济学

这种恐惧可能很强烈，然而它却是没有根据的。这些活动当然并非真的不可理解。如我们在前面几章所知，经济学和生物科学如今已对自组织过程做出很好的解释，并且我们在第二章和第三章，已经对它们的一部分历史以及在文明的兴起和扩展上发挥的有益作用，大概地勾画出了一个局部的合理重构（另见哈耶克，1973）。

交换是生产性活动，它确实使现有资源为人类需求带来了更多的满足。文明如此复杂——贸易是如此有效——这是因为生活在文明世界中的个人的主观世界是如此不同。虽然表面上看令人费解，但是和无分你我、千人一面以及管制相比，个人目标的多样性确实导致了满足各种需求的更大的能力。同样令人费解的是，所以会有这种情况，是因为多样性使人们能够掌握和运用更多的信息。只有对市场过程做出清楚的分析，才能解开这些令人费解之处。

价值的增加——这是交换和贸易的关键——当然不同于我们能够感知到的数量的增加。支配着物质世界的规律，至少那些唯物主义和机械论模式中的规律，在价值的增加这种现象中是不起作用的。价值表示某种物品或行为满足人类需求的潜在能力，并且只能通过不同的商品或服务对不同个人的相关（边际）替代品或等价物的交换率，在相互调整中加以确定。价值并不是物体本身所具有的、不涉及到它们与人的关系的属性或物质特性，它恰恰是这些关系的一个方面，它使人们在就这些物品的用途做出决定时，能够考虑到另一些人可能为它们的用途找到的更佳机会。价值的增加看起来只和人的目标有关，并且只有在考虑到这些目标时才有意义。门格尔对此有清楚的阐述（1871/1981：121）：价值"是经济行为人对他们为了维持自己的生活和幸福而支配的货物之重要性所做出的判断"。经济价值表示的是物品满足一些形形色色的个人目标的能力不断变化的程度。

每个人都有对自己所追求的各种目标进行排序的特殊顺序。这些个人排序很少为外人所知，甚至他本人也很难做到充分的了解。千千万万的个人，他们处境不同，禀赋不同，欲望不同，得到的有关手段的信息不同，对于彼此的具体需要几乎一无所知，并且有着各不相同的目标范围，让他们的个人努力相互配合，依靠的是交换系统。随着个人展开相互合作，一个未经设计的、更高层次的复杂秩序的系统出现了，连续不断的物流和服务流被创造出来了，它使参与其中的数量极大的个人的主导期望和价值得到了满足。

不同目标的不同排序，其多样性为这些目标所要争取的物质手段，建立了一个共同的并且是统一的、起中介或反映作用的价值尺度。由于大多数物质手段可用于许多重要性各不相同的目标，而不同的手段又经常能够相互替代，因此这些目标的最终价值便逐渐反映在手段价值的一个唯一尺度上，即价格，决定这种价格的，是手段的相对稀缺程度，以及在它们的所有人之间进行交换的可能性。

由于不断变化的实际环境要求不断调整具体的目标，而为了给这些目标提供服务，又必须安排具体的手段。因此这两组价值尺度注定会以不同的方式和不同的比率发生变化。个人最高目标的各种排序，虽然各有不同，却会表现出一定的稳定性。而个人致力于生产的那些手段的相对价值，却要受制于让人摸不清头脑的不断变化，这种变化难以预测，其原因也是大多数人难以理解的。

目标的等级划分可能是相对稳定的（这反映着许多人视为长期或"持久的"价值），而手段的等级划分却是变化无常的，这使不少理想主义者赞扬前者而鄙视后者。当然，为了不断变化的价值尺度而卖力，似乎也是令人生厌的。有些最关心终极目标的人，却经常违背自己的目标，竭力反对那些他们能够用来最好地实现这些目标的手段，这大概是他们这样做的根本原因。大多数人为了达到自己的目标，必须追求那些无论对他们自己还是对别人而言仅仅是手段的东西。也就是说，他们必须在某一点上加入众多环环相扣的活动，这种活动在经过许多目标各有不同的中间环节后，最终会满足某种他不知道的、与他在时空上相距很远的需求。在大多数情况下，市场过程赋予当前的产品的符号，是个人能够得知的唯一事情。例如，在生产金属螺钉的某个环节上劳动的人，谁也不可能合理地确定，他所制造的某个螺钉，将在或应当在何时何地以何种方式为满足人类的需要做出贡献。统计数字也无助于他搞清楚，在能够使螺钉（或任何其他类似的部件）得到利用的许多潜在用途中，应当满足哪些用途，不应当满足哪些用途。

但是，手段的价值尺度，即价格，让人感到它是共同的或庸俗的，显然是因为它对所有的人一视同仁，而目标尺度则是各具特色，人言人殊。我们通过表明自己的特殊品味，或通过更为挑剔的品质鉴赏力，来证明自己的个性。然而仅仅是由于通过价格传递的有关不同手段之相对稀缺性的信息，我们才得以实现我们尽可能多的目标。

这两种划定价值等级的方式之间的冲突，在扩展秩序中变得格外醒目，大多数人在这里的谋生方式是为素不相识的人提供手段，他们同样也从另一些素不相识的人那儿，获得他们达到自己的目标所需要的手段。这样一来，手段的价值尺度便成了唯一的共同价值尺度，这些手段的重要性主要不取决于使用某个具体物品的人所感受到的效果，而是来自它们可以随时相互替代。由于千千万万的个人有着形形色色的目标需求，这使人们无法得知其他人所需要的一件具体物品的用途（因而也无法得知别人所赋予它的价值）。手段的这种仅仅起工具作用的价值的抽象性，也使人们感到它们的价值是"人为的"或"不自然的"，因而对它产生鄙夷。

对这种令人困惑甚至是惊恐的现象的充分解释，在100年以前就已被隐约发现，由于威廉·斯坦利·杰文斯、卡尔·门格尔和列昂·瓦尔拉的工作，特别是门格尔之后的奥地利学派，发展成了人们所熟知的经济学理论的"主观主义"革命或"边际效用"革命，从而使它得到传播。如果以上各节的内容让人感到陌生甚至难以理解，这只能说明这场革命最基本、最重要的发现仍未得到普及。经济事件不能用以往的事件作为原因来解释，正是这一发现，使这些革命性的思想家把经济理论整合成了一个严密的体系。虽然古典经济学，或人们常说的"古典政治经济学"，已经对竞争过程、特别是国际贸易使国内合作秩序和国际合作相结合的方式做出了分析，但是只有边际效用理论真正使人理解到供给和需求是如何决定的，适应需求的数量以相互调整引起的稀缺程度是如何指导着个人。整个市场过程由此被理解为一个信息传递的过程，和个别接触相比，它使人们能够利用更多的信息和技能。

一种物品或行为的效用，通常被定义为它满足人类需要的能力，是因人而异的，这一现象如今看来如此明显，因此人们难以理解，那些严肃的科学家为何会一直把效用作为物品的一种客观、普遍甚至是可计量的属性看待。对不同物品对不同的人的相对效用可以做出区分，这个事实并没有为比较它们的绝对数量提供最起码的基础。即使人们在他们个人打算为不同的效用付出多少成本上取得了一致，但是"集体效用"并不代表一个可以发现的物品：它就像集体意识一样飘渺，充其量只能是个象征。我们时常断定，某件物品对别人比对我们本人更重要或更不重要，这个事实并没有提供任何理由让人相信，效用在人和人之间有客观的可比性。

当然，从一定意义上说，经济学打算加以解释的活动，涉及到的不是自然现象，而是人。经济学的价值在于，它是根据物品在具体环境中满足需求的适宜程度，对物质事实做出解释。因此可以说经济学（我现在更乐意称之为"交换学"。见哈耶克，1973）是一门元理论，它是有关人们为解释如何最有效地为不同目标而发现和利用不同手段的理论的理论。在这种情况下无须奇怪，自然科学家在面对这样的论证时，时常发现自己处在一片陌生的领地上，或这些时常让他们吃惊的经济学家，更像是哲学家而非科学家。

边际效用理论虽然是一项基本的进步，但它最初却隐而不彰。这一思想在英语世界里最容易看到的早期阐述是由杰文斯提出的，在他英年早逝之后，由于阿尔弗雷德·马歇尔这位支配着学院派的权威不愿意脱离穆勒的立场，也是由于杰文斯唯一的杰出追随者威克斯第德处在非学院派的位置上，使这种思想一直不被人理睬。这一理论在奥地利的共同发现者卡尔·门格尔算是比较幸运，他找到了两位极有才华的学生（庞巴维克和弗里德里希·冯·维塞尔）继续他的研究并形成了一个传统，终于使这种现代经济理论逐渐以"奥地利学派"的称号得到普遍的承认。它强调了它所说的经济价值的"主观"性，从而为未经设计而从人类互动关系中产生的结构提供了一个解释范式。不过在过去40年里，因为要在假定为可计算的各种事物或统计数字中间寻找因果关系的"宏观经济学"的兴起，使它的贡献被遮蔽。我承认，这些因果关系有时也许可以指出某些模糊的或然性，但是它们肯定不能解释引起这种或然性的过程。

然而，由于这种认为宏观经济学既可行又有用的谬见（它大量采用数学，因而肯定会打动那些对数学一窍不通的政客，它也确实是和出现在专业经济学家中间的魔术表演最为相似的东西，这也鼓励了那种谬见），因此许多支配着当前的政府和政治的意见，仍旧是以对价值和价格之类的经济现象的幼稚解释为基础，这种解释徒劳地想把它们当作与人的知识和目标无关的"客观"现象。它无法说明贸易和市场在协调大量人员的生产努力中所发挥的作用，或是正确地估计到它的不可缺少性。

在市场过程的数学分析中沾染的一些习惯，甚至经常让训练有素的经济学家迷失方向。例如，喜欢提"现有知识状态"，喜欢把在市场过程中活动的人所能利用的信息称为"数据"或"现有的"（甚至用"现有数据"这种词组），这种做法常常使经济学家假定，这种知识不但以分散的状态存在，而且它的总和可以由某个头脑加以利用。这掩盖了竞争是个发现的过程这一事实。一些对市场秩序的论述中作为有待解决的"问题"提出来的，其实根本不是市场中任何人的问题，因为在这种秩序中市场所依靠的起决定作用的实际环境，是任何人都无法知道的，问题不是如何利用作为一个整体的现有知识，而是如何让任何哪个单一头脑都不知道也无从知道的知识，以其散布在四处的形式，能够被许多相互交往的个人所利用——这不是行为者的问题，而是试图解释这些行为的理论家的问题。

创造财富不仅仅是个物质过程，也不能用因果链来解释。对这种活动起决定作用的，不是任何头脑都能掌握的客观的自然事实，而是千百万种分散的不同信息，它们结晶为价格，以此引导人们进一步做出决定。当市场告诉一个企业家以某种方式可以获得更多的利润时，他既可以服务于自己的利益，也能为产品总量（以其他大多数人采用的相同计算单位为准）做出比他采用其他方式所能做出的更大的贡献。因为这些价格向市场参与者透露了全部劳动分工所依靠的关键性的随机条件：不同资源——不管它是生产其他产品的工具还是满足人类需求的工具——相互之间的实际可转换（或"可替代"）率。就此而言，作为一个整体的人类可以利用的量是没有意义的。这种有关不同物品之可用总量的"宏观经济"知识，既无可能也无必要，它甚至没有什么用处。对由大量不同的、有着形形色色组合方式的商品所组成的总产量进行测算的任何想法都是错误的：它们对人类的目标的等价物取决于人类的知识，并且只有当我们把物理量转化成经济量之后，我们才能着手评估这些问题。

对产量起决定作用的因素，以及对生产特定数量起决定作用的因素，是对具体资源分别有所了解的千百万个人，如何在不同的地点和时间，通过在各种可能性中做出选择，把这些资源组合在一起——如果对价格揭示出的不同要素的相对稀缺性无所了解，那么就这些可能性本身而言，没有一个能被称为最有效的。

理解相对价格对资源最佳利用的决定性作用，关键的一步是李嘉图发现的比较成本原理。关于这个原理，路德维希·冯·米瑟斯正确地说，应当把它称为"李嘉图协作定律"（1949：159—64）。价格关系告诉企业家在什么地方收益会超过成本，因而把有限的资本投进特定的项目是有利可图的。这些信号把他引向一个不可见的目标，即远方不为人知的最终产品消费者的满足。

知识分子对经济学的无知

了解了贸易和有关确定相对价格的边际效用解释，是理解一种秩序的关键，而养活现存的人口数量全靠这种秩序。每个受过教育的人都应当了解这些事务。知识分子对这一问题普遍采取鄙视态度，却妨害了这种理解。因为边际效用理论所澄清的事实——即每个人利用自己的知识和技能，通过他的选择做出贡献，能够使满足共同体的需求成为他们每个人的独特任务——无论对原始人的头脑和盛行不衰的建构主义，还是对明确的社会主义，都是格格不入的。

不夸张地说，这种观点标志着个人的解放。个人主义精神的发展要归功于技能、知识和劳动的分化（见前面第二、三章），而发达的文明就是建立在这种分化上。当代经济史学家如布罗代尔（1981—1984）已经开始明白，被人瞧不起的中间商钻营利润，然而正是他们，使现代扩展秩序、现代技术以及我们目前这种人口规模成为可能。不受群体精神的摆布而受自己的知识和决定指引的能力，就像这样做的自由一样，是理智发展的结果，而我们的感情依然不能彻底顺从这种理智。虽然一个原始群体的成员很愿意承认德高望重的头领更为高明，但是他们的同伴若是知道一种方法，不须明显费力就能得到别人只有辛勤劳作才能得到的东西，他们是会憎恨这个同伴的高明之处的。为了个人或私下的收益而隐藏和利用有利的信息，被认为是不光彩的，或至少是不够友好。专业化成为利用种类繁多的信息资源的唯一方式的时代已经很久了，这些原始的反应却依然如故。

这种反应今天还在继续影响着政治意见和行为，阻碍着最有效的生产组织的发展，鼓舞着社会主义的错误希望。在为人类提供生活资料上，贸易的贡献一点也不比生产少，认为人类应当厚此薄彼，由此造成了一种非但无益，反而使政治态度受到歪曲的局面。

对贸易作用的无知，最初是导致惧怕，在中世纪导致了不明真相的管制，在相对较晚的时代，它在更好的理解面前做了些让步，而现在这种管制却又以一种新的伪科学形式被复活了。它试图用这种形式为技术官僚操纵经济提供借口，而当它不可避免地失败之后，又助长了对"资本主义"的现代形式的猜疑。不过，当我们把注意力转向更深入的秩序形成过程时，事情似乎变得更糟了，因为这些过程，即支配着货币和金融的过程，比贸易更难以理解。

对货币和金融的怀疑

当面对发达文明中为贸易提供了基础的最抽象的制度时，因为不相信神秘现象而产生的偏见，达到了一个更高的境界。这些制度对个人行为起着最一般、最间接、最遥远和最不易察觉的调节作用，它们虽然是形成扩展秩序不可缺少的，然而却倾向于隐匿自己的引导机制不被人察觉：即货币以及建立在货币上的金融制度。以货易货一旦被间接的货币交换所取代，易于理解的事情便消失了，由此开始了一个人与人之间的抽象过程，它大大超出了最聪明的个人的认知能力范围。

货币，即日常交往中的"金钱"，在不被人理解的事物中莫此为甚，大概也和性一样，是最严重的非理性奇思怪想的主题。它同时既让人想入非非和困惑不解，又令人深恶痛绝。涉及到它的文献，很可能比讨论任何其他一个主题的都多；浏览这些文献，不免使人与那些作家产生共鸣，他们在很久以前便宣布，若论让人发疯，以这个主题为最，虽爱情也不能相比。《圣经》上说，"贪财是万恶之根"（《提摩太前书》，6：10）。不过有关它的矛盾心态大概更为常见：钱同时既表现为自由最强大的工具，又表现为最邪恶的镇压手段。这个得到最广泛接受的交换媒介，唤起了人们无法理解的过程给他们带来的一切不安，他们爱恨交加，热切向往它的某些作用，却又憎恶另一些与前者密不可分的作用。

但是，货币和信用制度的运行，同语言和道德规则一样，是最抵制充分理论解释的自发秩序之一，并且仍然是专家中意见严重分歧的来源。甚至一些专业研究人士也不愿屈从于这样的见解：细节肯定会逃脱知觉的范围，整体的复杂性使人不得不满足于对自发形成的抽象模式的说明，这种说明不管多有启发性，也无力预见任何具体结果。

货币和金融不只让研究者心烦。就像贸易一样，并且是出于同样的原因，它们仍然不断地让道学家们疑窦重重。这种普遍有效的工具，具有以最隐蔽的方式达到和操纵最大数量的各种目标的威力，道学家对它疑虑重重，自有其若干理由。首先，人们随时都可以看到许多财富在得到利用，而货币的用途对某个人自身或别人所产生的具体或特定的作用，常常是难以察觉的。其二，即便它的一些作用是可以察觉的，它也是既有可能用于行善，也有可能用来作恶。因此，它这种超乎寻常的用途多样性，使它对自己的主人非常有用，也使道学家对它生出更多的疑心。最后，运用钱财的技巧，以及由此带来的巨大收益，就像商业一样，好像脱离了体力劳动或公认的功绩，它甚至无须和任何物质基础打交道——例如"纯粹纸上交易"的情况。如果说，手艺人和工匠令人惧怕，是因为他们改变了物质的形状，生意人让人害怕，是因为他们把一些看不见摸不着的属性变成了价值，那么钱商对一切经济制度中最抽象、最非物质的东西所做的改变，岂能不让人对他们产生更强烈的惧怕？这样我们就到达了一个过程的至高点，在这个过程中，可感知的和具体的事物日益被形成行为规则的抽象观念所取代：货币及其制度似乎是处在值得称赞的和可理解的创造性体力劳动的疆界之外，在这个王国里，对具体事物的理解力失效了，定规矩的是不可理解的抽象因素。

因此这个问题既让专业人士困惑，也冒犯了道学家：他们都惊恐地发现，整个事情异乎寻常地膨胀，超出了我们所依靠的观察和控制事件过程的能力范围。好像一切都已失去控制，或者像德国人更为生动的说法，ist uns über den Kopf gewachsen（脑袋不管用了）。这句和钱有关的话如此鲜活甚至夸张，这没有什么好奇怪的。大概仍然有不少人相信，就像西塞罗在说到老卡托时（DE OFFICIIS，II：89）告诉我们的，放债如同杀人一样可恶。斯多噶学派的罗马追随者，如西塞罗本人和塞内加，对这些事情的确表现出更多的理解，但是对于由市场决定的贷款利息的流行看法，却很难说更令人满意，尽管这种利息在把资本引向最有生产力的用途上是如此重要。于是我们仍然听到"金钱关系""不义之财""贪得无厌的本能"以及"商贩"行为，等等（对所有这些现象的解释，见布罗代尔，1982b）。

但问题并没有因为这些粗俗的诨名而消失。就像道德、法律、语言以及生物有机体一样，货币制度也是自发秩序的产物——并且同样易于受到变异和自然选择的影响。不过，在所有自发生长的形态中，货币制度的发展也是最不令人满意的。例如，几乎没有人敢说在过去 70 年左右的时间里，它们的功能已经有所改善，因为，一种一直建立在金本位上的、本质上自动运行的机制，在专家们的指导下，已经被任意的国内"货币政策"所取代。不错，人类从货币中得到的经验，为对它表示不信任提供了很好的理由，但这并不是因为普遍相信的理由。这样说吧，选择过程在这里受到的干涉，比任何其他地方都多：进化选择被政府垄断所阻碍，它使相互竞争的实验失去了可能。

在政府的庇护下，货币体系已发展得十分复杂，但是在各种不同的手段中，几乎没有私人实验和选择得到允许，因此我们依然不十分清楚好货币应是什么样子——或它能好到什么程度。这种干涉和垄断也不是新近的发明：它的出现几乎和钱币被用作普遍接受的交换媒介一样古老。货币虽然是自由的人民相互合作的广泛秩序中不可缺少的要件，但几乎从它诞生之日起，政府就在十分无耻地滥用它，从而使它成了人类合作的扩展秩序中一切自我调整过程遭到扭曲的首要根源。政府管理货币的历史，除了少数短暂的幸运时期外，历来就是一部不断欺诈行骗的历史。在这方面，同在竞争中供应各自货币的任何私人机构所能做出的事情相比，政府一直表现得更加不道德。我在别处曾经建议——因此不打算在这里再做说明——假如取消政府对货币的垄断，市场经济也许会更能发挥它的潜力（哈耶克，1976/1978，1986：8—10）。

不管情况如何，我们这里的主要问题，即对"钱上的考虑"不竭的反感，是建立在对货币作用的无知上，而正是这种作用，使人类合作的扩展秩序和市场价值的一般计算成为可能。要想让相互合作扩展到人的知觉范围以外，从而扩展到可确认的、能够当即视为机会扩大的现象范围之外，货币是不可缺少的。

对利润的指责和对贸易的轻蔑

我们这个时代的 beau esprits（才子们）——即我们一再提到的、在前面几章已打过交道的知识分子——提出的反对，与原始群体中的成员的反对并没有什么不同。有鉴于此，我倾向于把他们的要求和愿望称为"返祖现象"。深陷在建构主义偏见中的知识分子，他们在市场秩序、贸易和货币中发现最该加以反对的事情是，那些生产者、商人和金融家，他们所关心的不是相识者的具体需求，而是对成本和利润的抽象计算。然而他们忘了——或是没有学过——我们刚才一再阐述的那些论证。正是对利润的关心，使资源有可能得到更有效的利用。它使能够从其他商业活动中获得的各种潜力有了最具生产力的用途。境界甚高的社会主义口号是："为用途而生产，不为利润而生产"，从亚里士多德到伯特兰·罗素，从艾尔伯特·爱因斯坦到巴西大主教卡玛拉，我们发现它以不同的形式存在着（自从亚里士多德以来，还常常对此有所补充：这些利润是"以他人为代价"得到的）。这个口号暴露出一种无知，它不知道生产能力是如何由不同的个人使其成倍地增加，因为他们能够接触到不同的知识，而这些知识的总和是他们中间任何一个人也无法集中到一起的。企业家如果是在提供生产另一些工具的工具，而这些工具又会为另一些人提供服务，如此等等——也就是说，如果他是在服务于多种多样的最终目的，他在自己的活动中就必须超越已知的用途和目的。大多数生产者为了更有效地给他们不认识的人的需求提供服务，需要的只是价格和利润。它们是搜索工具，就像望远镜是军人、猎人、水手或飞行员扩大视野的工具一样。市场过程为大多数人提供着物质和信息资源，为了得到他们想得到的东西，他们需要这些资源。因此，那些在找出以尽量少牺牲其他目标的方式达到特定结果方面一窍不通的知识分子，却嘲笑别人对成本的关心，比这更不负责任的事实在不多见。获得巨大收益的重要机会和具体情况下需要付出的努力不成比例，知识分子被这种现象气得两眼发黑，其实只是因为有此机会，才使这种实验的努力成为可能。

因此很难相信，凡是对市场有正确了解的人，会诚心谴责对利润的追求。鄙视利润是因为无知，是因为这样一种态度，如果我们愿意，我们可以赞赏禁欲主义者有这种态度，这世界的财富中微小的一点便可以让他们心满意足，但是如果以限制别人利润的方式来落实这种态度，却是一种自私的行为，因为这等于把禁欲主义强加于人，当然也是对一切人的剥夺。

第七章　被毒化的语言

言不顺，……则民无所措手足。

——孔子

语言是行为的指南

贸易、人口流动及人口的增长和交融，不仅开阔了人们的眼界，而且使他们的语言变得丰富多彩。商人在旅行中不可避免地要遇到各种异域的语言，于是也就掌握了这些语言，不仅如此，他们还不得不思考那些关键用语的不同含义（即使仅仅为了不冒犯东道主，或不误解交易协议的条款），由此他们也了解了对最基本事物的一些新的不同观点。我现在要探讨的，是涉及到语言在原始群体与扩展秩序之间引起冲突的一些问题。

所有人，无论是原始人或文明人，要想使他们的感知变得有条理，在一定程度上要依赖语言使他们赋予这些感觉信号的特性。语言不仅能使作用于我们感官的客体分为不同的物体，而且能使我们根据自己的期待和需求，对不同标记的无限多样性的组合进行分类。这种标记、分类和区别当然经常是含混不清的。更重要的是，语言的所有用法都含有许多关于我们所处环境的解释或推理。正如哥德所承认的，我们以为是事实的，其实已经是理论：我们对自己环境的"所知"，也就是我们对它们的解释。

于是，在对我们的观点进行解释和评价时便出现了各种困难。例如，许多普遍认可的信念只是隐含在表示它们的用词或句子里，可能绝对不会成为明确的信念；于是它们也绝对不会有受到评判的可能，结果是，语言不仅传播智慧，而且传播难以消除的愚昧。

同样，由于一套特定的词汇本身的局限性及它所具有的含义，要拿它来解释与它历来习惯于解释的东西有所不同的事物，也是很困难的。不仅用原有词汇解释甚至描述新事物是困难的，而且要想把语言以某种特定方式做过分类的东西再进行分类也不那么容易——特别当这种方式是建立在感官的内在特性之上时。

这些困难促使一些科学家为他们所从事的学科创造新的语言。改革家，特别是社会主义者也受着相同动力的驱使，他们中的一些人也建议对语言进行精心改造，以便能够更好地让人们安分守己（见布洛赫，1954—1959）。

鉴于这些困难，我们的词汇以及根植于其中的理论是至关重要的。只要我们是用建立在错误理论上的语言说话，我们就会犯下错误并使其长久存在。然而，对我们认识这个世界以及人类在其中相互作用仍然有着深刻影响的传统词汇，还有那些根植于这套词汇中的理论和解释，在许多方面一直是非常原始的。其中有许多是遥远的年代形成的，那时我们的头脑对我们感官所传达的东西，有着十分不同的解释。所以，当我们学会了许多我们通过语言而知道的东西时，每个词的含义会使我们误入迷途：当我们尽力要表达我们对某一现象的新的和更好的理解时，我们继续使用着含有过时含义的词汇。

一个相关的例子是及物动词使无生命物体似乎具有某种思维能力。天真或无知的头脑，当它感觉到运动时，总是以为有生命存在，同样，当它以为存在着某种目的时，也总是设想存在着思维或精神活动。以下事实可以更好地说明这一点：在某种程度上，人类的进化似乎在每一个人类思维的早期发展中重复一次。

皮亚杰在《儿童对世界的认识》一书中写到："儿童最初在任何地方都能看到目的。"只是在第二个阶段，头脑才开始对事物的目的本身（泛灵论）和造物者的目的（造物论）加以区分。泛灵论的含义附着在许多基本的词语之中，尤其附着在那些表示产生秩序的现象的词语之中。不仅'事实'本身，而且'造成''迫使''分配''赋予''选择'以及'组织'这些在描述非人格过程时必不可少的词语，仍然使许多人联想到人的行为。

"秩序"一词本身就是一个明确的例子，在达尔文之前，它几乎被普遍用来暗指存在着一个行动的人。在上个世纪初，甚至像边沁那样有名望的思想家，也主张"秩序以一定的目的为前提"（1789/1887，《全集》II，399 页）。可以这样说，在 19 世纪 70 年代经济学理论的"主观主义革命"之前，对人类创造力的理解一直是受着泛灵论信仰的主宰。直到 19 世纪 70 年代，在对竞争中决定的市场价格的引导作用有了更清楚的理解之前，甚至，亚当·斯密的"看不见的手"也没有完全摆脱泛灵论的影响。甚至今天，除了对法律、语言和市场的科学研究之外，人类事务的研究仍然被一套主要源于泛灵论思想的词汇控制着。最重要的例子来自那些社会主义作家。人们越是仔细审视其作品，就越清楚地看到他们所做出的贡献，更多地是在保护泛灵论的思想和语言，而不是对其进行改革。以黑格尔、孔德和马克思的历史决定论传统将"社会"人格化为例，社会主义，以及它所理解的"社会"，实际上是历史上各种宗教（连同它们各自的"上帝"）所提出的对秩序的泛灵解释的最新形式。社会主义往往反对宗教这一事实也很难削弱这一点。社会主义者以为所有秩序都是设计的结果，于是他们得出结论说，秩序也能够由某个更高明的头脑加以改善。从这一点上讲，在埃文斯—普瑞查德《原始宗教理论》（1965）一书中初步阐述过的权威人物发明各种泛灵论的过程中，社会主义也应当占有一席之地。鉴于泛灵论的不断影响，在今天要同意克利福德的观点似乎仍为时过早。克利福德是位深刻的思想家，他早在达尔文时期就曾断言"除了人能够独立介入的情况之外，目的性已不再表示设计归功于有教养的人"（1879：117）。

社会主义对知识分子和学者的持续影响在史学和人类学的描述性研究中也十分明显。布罗代尔就曾问道："我们中的哪个人不曾讲到过阶级斗争、生产方式、劳动力、剩余价值、相对贫困、实践、异化、基础结构、上层建筑、使用价值、交换价值、原始积累、辩证法、无产阶级专政……"（大约这些术语全是来自马克思或因为他而得到普及。见布罗代尔，1982b）

在大多数情况下，这类谈话的基础并不是简单的事实陈述，而是对所讲事实的后果或起因的解释或推理。我们也尤其应当把一件事归因于马克思，即"社会"代替了马克思实际谈论的国家或强制组织。这是一种迂回的说法，它使我们认为可以用比强制更为温文尔雅的手段去支配个人的行为。当然，作为本书主题一直在谈论的自发形成的扩展秩序，几乎不可能像"作用于"或"对待"一个民族或一国人口那样，"作用于"或"对待"具体的个人。此外，"国家"或更为正确的"政府"一词，在黑格尔之前一直是普通的（或较为明确的）英语词，在马克思看来它们也直白而明确地包含权力的概念，而模糊的"社会"一词，却使他能够暗示社会的统治将确保某种自由。

所以，正像智慧常常隐藏在字里行间，谬误也是如此。那些我们如今知道其错误的天真解释，以及那些常常不被赏识，但产生了极大作用的建议，通过我们使用的语言流传下来并影响着我们的决定。与我们的讨论尤其有关的是这样一个不幸的事实，即我们在谈到人类合作的扩展秩序的不同方面时所采用的许多词，都带有早期社会的误导性含义。实际上，包含在我们语言中的许多词都具有这样的特点，如果人们习惯于使用它们，就会得出一些对问题的冷静思考不可能得出的结论，即与科学论证相矛盾的结论。正是由于这个原因，在写这本书时，我给自己下了一个自我否定的指令，决不用"社会"或"社会的"这样的词（尽管它们难免会不时出现在一些著作的标题和我所引用的别人的言论中，并且我有时也会让"社会科学"或"社会研究"这类说法继续存在）。尽管迄今为止我还没有用这些词，但是在这一章里，我希望通过讨论这些词以及其他有类似功能的词，来揭露隐藏在我们语言中的毒素，特别是隐藏在涉及人类相互作用和相互关系的制度和结构的语言中的毒素。

本章开头处孔子那句相当简略的引语，也许是被保存至今的这种认识的最早表现。我最初看到的是它简化了的译文，这显然是因为中文里没有一个字或（一组字）来表示自由。但是以下这段话似乎正确翻译了孔子在《论语》（韦利译本，1938：XIII，3，171—2）中对任何一群有秩序的人的理想状态的描述："If language is incorrect, ……the people will have nowhere to put hand and foot"（译按：此译文显然来自《论语》中"……言不顺，则事不成；事不成，则礼乐不兴；礼乐不兴，则刑罚不中；刑罚不中，则民无所措手足"一段，哈耶克只从中截取"言不顺"和"则民无所措手足"两句，似与孔子原意不十分相合。）我要感谢牛津大学的大卫·霍克斯先生，他为我经常引用的一句翻译有误的话找到了更为正确的译文。

我们现在的政治语汇不令人满意的特点源自它们的祖先，主要是柏拉图和亚里士多德。他们由于缺乏进化的观念，认为人类事务的秩序是统治者完全了解的固定不变的一些人做出的安排，或者说，像从古代到社会主义的大多数宗教一样，是某个高明的头脑设计的产物。[任何人想寻找语言对政治思维影响的人，都会从德曼特（1978）那儿找到大量资料。在英语文献中，可以从科恩的著作（1931）找到有关隐喻语言设下的骗局的十分有益的讨论。但是就我所知，关于政治滥用语言的充分讨论出现在舍克（1973）和谢尔斯基（1975：233—249）用德语进行的研究中。我本人早些时候在我的（1967/78：71—97；1973：26—54；1976：78—80）中对这个问题也作了一些研究。]

词语含混不清和协作系统的差别

　　我们在其他地方曾试图澄清词义不明确所造成的混乱，诸如"天然的"和"人为的"（见补论 A）、"遗传的"和"文化的"，等等，读者想必已经注意到，我一般情况下更喜欢用不太常用但更精确的概念"分立的财产"，而不是更为通行的说法"私人财产"。当然还有许多其他的含糊和混淆，其中一些更为重要。

　　例如，在美国社会主义者盗用"自由主义"一词的做法中，就存在着一个巧妙的骗局。熊彼特对此作了恰当的阐述（1954：394）："一个或许不是有意为之的最高赞扬是，私人企业制度的敌人也认为盗用自由主义标签是明智的。"这一点也越来越适用于欧洲那些中间路线的政党，它们要么像在英国一样，打着自由的旗号，要么像在西德那样，自称自由主义政党，却又毫不犹豫地同明显是社会主义的政党结成联盟。我在 25 年前（1960，跋）就曾抱怨说，一个格莱斯顿式的自由主义者在把自己描述成自由主义者时，不可能不给人留下他信仰社会主义的印象。这也不是什么新发展：早在 1911 年，霍布豪斯就出版过一本题为《自由主义》而更确切地说应称为"社会主义"的书，而且很快又出版了一本书，题目是《社会公正的要素》（1922）。

　　这一变化——一个也许已无法补救的变化——的重要性，使我们在这里必须把注意力集中在由广泛用于人类相互作用现象的名称所引起的含糊而混乱的语言上，这也符合本书的一般论题。在说明人类相互作用的不同形式方面，我们缺少恰当的用语，这不仅标志或反映着对于各种人类努力的协调过程，现有的知识极不恰当。这些概念实际上是如此不恰当，以至于我们在使用这些概念时，甚至不能明确界定我们正在谈论什么。

　　我们不妨从普遍用来划分人类协作秩序的两个对立原则，即资本主义和社会主义谈起。这两个概念既具有误导性，又包含着政治偏见。它们本来是想对认识这些制度有所帮助，却没有告诉我们任何有关它们特点的东西。尤其是"资本主义"一词（卡尔·马克思在1867年仍不知道这个概念，并且也从来没有使用过）。只是因为桑巴特在1902年引起轰动的《现代资本主义》一书，才"爆发了一场作为社会主义的天然对立面"的政治论战（布罗代尔，1982a：227）。由于这个词让人想到一种为资本所有者特殊利益服务的制度，因此我们看到，它自然引起了这一制度的主要受益者即无产阶级成员的反对。资本所有者的活动使无产阶级得以生存并增加，从某种意义上说，实际上是资本所有者创造了无产阶级。不错，资本所有者使人类交往的扩展秩序成为可能，这也许导致一些资本家自豪地同意以此称呼他们努力的结果。然而它让人想到一种实际上并不存在的利益冲突，这是个不幸的发展。

一个表示合作的扩展经济秩序的较令人满意的名称，是从德语引入的"市场经济"一词。但是它也有许多严重的缺陷。首先，所谓的市场经济，在严格意义上讲并不真正是一个经济，而是大量相互作用的单个经济的组合。市场经济只具备这些单个经济的某一些而非全部明确特征。如果我们给这个由单个经济形成的复杂结构起一个名称，让人觉得它是一种人为的结构，就会造成人格化或泛灵论的结果，如我们看到的，这正是我们对人类相互作用过程的许多错误认识的来源，而要摆脱它们也是很难的。必须时刻记住，市场产生的经济并不真正像是人类特意设计的产物，它是一种结构，在一些方面与经济相似，而在其他方面，特别是就它不能服务于一个统一的目标序列而言，它与真正的经济有着根本的不同。

市场经济一词的第二个缺陷是，在英语里它无法产生出一个便于使用的形容词，而这样一个表明具体行为是否适当的形容词当然是十分必要的。所以很久以前我就建议（1967/1978b：90）采用一个新的专门术语，一个从我们在许多类似情况下已使用过的希腊词根获得的术语。1838 年，惠特利大主教提出用"catallactics（交换学）"作为解释市场秩序的理论科学的名称。这个提议不时地被重复提起，最近一次是由米瑟斯提出。从惠特利创造的这个词中很容易派生出形容词"catallactic"，并已得到相当广泛的使用。这些词尤其吸引人，因为它们来自古希腊单词"katalattein"或"katatassein"，不仅指"交换"，而且指"允许进入社群"和"化敌为友"，这进一步证明古希腊人在这些事务方面的深刻认识（利德尔和斯科特，1940，参见"katallasso"一条）。因此我提议我们创造一个词"catallaxy（交换过程）"，用来描述我们通常称为经济学的这一学科的目标，并按照惠特利的做法把经济学称为"交换学"。这一发明的有用之处被我的一些更年轻的同行所证实，他们已经采用前一个术语。而且我相信，如果它得到更为广泛采用，将会真正有助于我们的讨论。

我们的泛灵论词汇和混乱的"社会"概念

这些例子十分清楚地表明，在对人类事务的研究中，交流的困难始于对我们想要分析的对象的定义和命名。理解方面的主要术语障碍是"社会"这一说法本身。这个概念比我们刚讨论过的其他术语都重要。这不仅由于自马克思以来，它一直被用来混淆政府和其他"制度"的区别。用"社会"一词来表示人类活动相互关系的不同制度，会错误地使人觉得所有这些制度都是一样的。有如拉丁语中源于 socius 的 societas（社会）一样，它是这类词汇中最古老的一个，指的是彼此相识的同伙或同伴，同时它也被用来描述个人之间实际存在的状态和关系。按照通常的用法，它的前提或含义是，存在着对共同目标的一致追求，而这种目标只有通过自觉的合作才能达到。

如我们所知，人类合作超越个人知识界限的必要条件之一，就是这种追求的范围越来越不受共同目标的支配，而是受着抽象行为规则的支配；遵守这些规则，使我们越来越服务于我们素不相识的人们的需求，并发现与我们素不相识的人同样也满足着我们的需求。人类合作范围延伸得越广，这种合作的动机与人们心中关于一个"社会"中会发生什么的预设就越不一致，"社会的"这个形容词也就愈加不是事实陈述中的关键词，而更像是一种古老的、现已过时的一般人类行为理想追求的核心。一方面是在一个特定团体中个人行为的实际特征，另一方面是个人行为（根据古老的习俗）应当如何的愿望，对这两者之间的差别的真正见识越来越少。不但以任何实际方式联系在一起的一群人都被称为"社会"，而且会得出结论说，任何这样一群人应该像一个原始的合作群体那样行动。

所以"社会"一词已成为表示几乎任何人类群体的方便标签。这种群体的结构和结合在一起的原因都无需知晓——一个人们在不十分明白自己谈论什么时只图一时方便的用语。显然，一个群体，一个民族，一个地区的全部人口，一个公司，一个协会，一个团体，一个部落，一个帮派，一个族群，或种族、宗教、运动和娱乐项目的成员，以及住在一个特定地方的居民，都是社会或能够构成社会。

对于完全不同的形态，如个人之间有着不断接触的人组成的群体，和仅仅利用从漫长而无限延伸的贸易关系中产生的信号而把千百万人联系在一起的结构，冠之以相同的名称，这不仅在事实上造成误导，而且几乎总是包含一种隐藏的愿望，要用我们感情上所渴望的那种亲密伙伴关系去塑造这种扩展秩序。儒弗内曾很好地描述了这种对小团体的本能的怀乡病——"那是最早出现了人类的地方，是对他仍有无限吸引力的地方：但任何想把同样的特征移植到一个大社会的努力，都是乌托邦并会导致专制"（1957：136）。

在这种混乱认识中被忽视的关键差别是，小群体的行为可以受一致同意的目标或其成员意志的引导，而同样作为一个"社会"的扩展秩序，它形成了一种协调的结构，却是因为其成员在追求不同的个人目标时，遵守着相同的行为规则。这些在相同规则下的形形色色的努力所造成的结果，当然会表现出少许特征，它们与拥有同一个头脑或想法的单个组织的特征或这个组织特意安排的特征相似。但是，用泛灵论的态度看待这样一个"社会"，或是把它人格化，赋予它一种意志、一种意图或计划，却会把人引入歧途。因此，看到一位严肃的当代学者声称，任何功利"社会"都一定会表现为不是"个人的多元化组合……而是一个伟人的体现"（查普曼，1964：153），这真是让人惴惴不安。

模棱两可的概念——"社会的"

"社会"这个名词尽管也对人产生误导，但和形容词"社会的"相比危害却要小一些，"社会的"一词或许已成为我们整个道德和政治词汇中最能引起混乱的说法。这件事仅仅发生在过去100年间，在这段时间里，"社会的"一词的现代用法及其影响迅速从俾斯麦德国传遍整个世界。在这个词使用最多的领域，它之所以不断传播混乱，在一定程度上是由于它不仅用于描述人类合作的不同模式产生的现象，如在一个"社会"中产生的现象，而且也用来描述促进和服务于这种秩序的各种形式。它从后一种用法越来越变成一种倡议，一种用理性主义道德取代传统道德的指令，并正在逐步取代"好的"一词，用来作为道德上正确的事物的名称。正如《新韦氏同义词词典》的恰当解释一样，由于这"特殊的歧义性"特点，"社会的"一词的实际含义与标准含义在不断地变换着，开始似乎是一个描述词，不知不觉中就会变成一个指令。

在这一特定问题上，德语用法对美语的影响胜过对英语的影响，因为在 19 世纪 80 年代，一些被称作经济研究的历史或道德学派的德国学者越来越多地用"社会政策"代替"政治经济学"来命名对人类相互作用的研究。没有被这种新时尚冲走的少数人之一，利奥波德·冯·维塞后来评论道，只有那些"社会党时代"的年轻人，即生活在第一次世界大战前几十年的人，能够判断出当时将"社会"领域视为宗教替身的倾向是多么的强烈。最生动的表现之一是社会本堂牧师的出现。但是维塞坚持认为，"成为'社会（主义）的'并不等同于成为好的或正确的，或'在上帝眼里是正确的'"（1917）。关于"社会的"这一术语传播，具有启发性的史学研究，我们归功于维塞的一些学生（见我列出的参考文献，1976：180）。

"社会的"一词自进入英语以来，它在用法上不同寻常的多样性在我们这里四处开花结果。在我们前面引用过的《方塔那现代思想词典》（布洛克等，1977）中，恰好是在"肥皂剧"（soap opera）这个词条后面，可以找到不下 35 条与"社会的"（social）一词结合在一起的一系列词组，从"社会行为"直到"社会整体"。与此相似，在 R. 威廉斯的《关键词》一书中，作者尽管用习惯上的"参见"方式把读者引向相应的条目，但是对于"社会的"这个词却没有遵循这一做法。很显然，在这里采用他的这一方法是行不通的，作者于是干脆放弃这一做法。这些例子导致我花了一点时间，把我所遇到的出现了"社会的"的情形全都记录下来，于是就产生了下面这份颇有教益的清单，它一共有 160 多个由形容词"社会的"限定的名词：

核算	行动	调整
管理	事务	协议
时代	动物	呼吁
意识	行为	存在
机构	原因	特征
圈	追求更高地位者	协定
组成	理解	关注
观念	冲突	良知
意识	思考	结构
契约	控制	信誉
缺陷	评论	活动家
决定	需求	民主
性质	发展	范畴
歧视	弊病	倾向
距离	责任	经济
目的	实体	环境
认识论	行为准则	礼仪
事件	邪恶	事实
因素	法西斯主义	力量
框架	职能	集结
地理	目标	利益
风度	团体	和谐
健康	历史	理想
牵连	不适	独立
下层	制度	保险
交往	公正	知识
法则	领导	生活
市场经济	医学	移民
理智	道德观	道德
需要	义务	机遇
秩序	机体	取向
遗弃者	所有制	伙伴

激情	和平	养老
人物	哲学	幸福
观点	政策	地位
权力	优先权	特权
问题	过程	产品
进步	财产	心理
等级	现实主义	领域
法治国家	认可	改革
关系	补偿	研究
反应	责任	革命
权利	角色	法则
满足	科学	保障
服务	信号	意义
团体语言	团结	精神
结构	稳定	立场
身份	斗争	学者
探讨	调查	体系
才干	目的论	信条
紧张	理论	思想家
思想	特征	用途
效用	价值	观点
美德	匮乏	浪费
财富	需求	工作
工作者		世界

　　这里列出的许多组合词的否定、批判形式用得更为普遍：于是"社会调整"变成了"社会失调"，"社会混乱""社会不公""社会失序""社会不稳定"等也是如此。

　　只根据这份清单还不能断定，"社会的"一词是否因为具有如此多的不同含义，便成了一个毫无用处的交流工具。不过，它实际产生的结果却是显而易见的，这至少表现在三个方面。首先，它总是险恶地暗示一个我们在前几章已经知道被曲解了的概念，即扩展秩序的非人格化和自发的过程所成就的事情，实际上是人类有意创造的结果。第二，由此而产生的结果是，它要求人们重新设计他们从来没有设计过的东西。第三，它也获得了使它所限定的名词变得毫无意义的力量。

从最后一个结果来看，它实际上已成为一些美国人所谓"黄鼠狼式修辞法"的最有害的例子，这一说法来自莎士比亚的"我能从一首歌中吸出悲哀，就像黄鼠狼吸空鸡蛋"（《当你喜欢它时》，III，5）。就像黄鼠狼能吸空鸡蛋而不留任何痕迹一样，这些词也可以使它们所限定的任何词失去含义，而表面看上去却丝毫未损。当一个人不得不用一个概念，而同时又想剔除其中挑战其意识形态基础的所有含义时，就用这个狡黠的词去其锋芒。

关于这一表达在现代美语中的用法，可参见最近马里奥·佩伊《黄鼠狼式修辞法：所言非所指的艺术》（1978），书中认为西奥多·罗斯福1918年创造了这一术语，从而表明70年前美国的政客就很有学问，然而，读者在该书中却无法找到"社会的"这一极为含混的语词。

尽管对"社会的"一词的滥用是国际性的，但是，在西德这一词的滥用恐怕达到了登峰造极的程度。西德在1949年颁布的宪法中采用了 Sozialer Rechtsstaat（社会法治国家）一词，自此"社会市场经济"的概念就广为传播——但其含义肯定不是其倡导者路德维希·艾哈德所指（他曾在一次谈话中向我保证说，在他看来，市场经济并非必须被改造成社会的，它本来就已如此）。尽管法治和市场从一开始就是非常明确的概念，但是，限定词"社会的"却使这些词失去了任何明确的含义。德国学者从"社会的"一词的这些用法中得出结论，他们的政府在宪法上服从"社会国家的原则"（Sozialstaatsprinzip），这与悬置法治相差无几。

同样，这些德国学者看出"法治国家"（Rechtsstaat）和"社会国家"（Sozialstaat）之间存在矛盾，便把"社会法治国家"（Soziale Rechtsstaat）写在宪法中以防不测——我或许可以说，这部宪法是由受到 19 世纪"国家社会主义"的创始人弗里德里希·诺曼启发的那些费边派糊涂虫写成的（梅耶，1972：8）。

与此相类似，"民主"一词一直有非常明确的含义；然而"社会民主"不仅曾用来作为两次世界大战之间出现的激进的奥地利—马克思主义的名称，而且现在在英国已被用来称呼费边社会主义的任何政党。但是，时下我们所称的"社会国家"用传统的词语表达却是"仁慈的专制"，以民主方式，即在保留个人自由的同时，实现这种专制所面临的非常现实的问题，则由于"社会民主"的图谋而荡然无存。

"社会公正"和"社会权利"

"社会的"一词最糟糕的用法，也就是将它所限定的词的含义破坏殆尽的用法，莫过于普遍使用的短语"社会公正"。尽管我已经对这个具体问题作过一些探讨，特别是在我的《法律、立法和自由》第二卷《社会公正的幻想》中作过一些探讨，但由于它在支持和反对社会主义的辩论中起着非常重要的作用，所以在此我至少必须简要陈述一下要点。正如一位比我更有勇气的杰出人士多年前坦率表述的那样，"社会公正"这一说法不过是"与人民民主同出一辙的语义骗局"（柯伦，1958：8）。这个概念使年轻一代的思想产生错乱已经到了令人担忧的程度，这可由一位牛津博士最近写的论文《社会公正》中得到证实，他在这篇论文中提到传统的公正观时，竟然用了"似乎还有一个个人公正的范畴"这种不同寻常的说法。

我明白，这是在建议"社会的"一词适用于减少或消除收入差别的一切事务。但为什么称这种行为是"社会的"？或许由于它是一种确保多数地位，即出于别的什么理由希望增加选票的手段？似乎确实如此，但它也肯定意味着，给予我们的每一个"社会的"劝戒，都是在要求朝社会主义的"社会公正"再迈进一步。所以"社会的"一词的用意，实际上等于是在要求"分配公正"。然而这同竞争的市场秩序，以及同人口和财富的增长甚至维持，都是难以并存的。由于这些缺陷，人们逐渐把"社会的"称为维护"社会"的主要障碍。"社会的"实际上应被称作"反社会的"。

　　如果人们认为个人的相对地位是公正的，他们就会对自己的经济状况感到满意，这十有八九是正确的。然而支持分配公正（即每个人都应得到自己道义上应得的份额）的整个思想，在人类合作（或交换）的扩展秩序中是毫无意义的，因为可获得的产品（它的规模，甚至它的存在）都取决于在一定意义上与道义无关的产品分配方式。确定道义上的奖惩并无客观标准，其原因我们已探讨过。而且无论在什么情况下，要使一个大的整体适应有待发现的事实，要求我们接受"成功是基于结果，而非基于动机"（阿尔齐安，1950：213）。任何合作的扩展体制，必须不断适应其自然环境中的变化（包括其成员的生命、健康和力量）；只有结果公正的变化才应当发生是一种荒谬的要求；它就像相信对这种变化精心做出的有组织的反应可以是公正的几乎同样荒谬。没有不平等，人类既不可能达到也无法维持其现有的人口数量，而这种不平等既不受任何审慎的道德判断的左右，也与这样的判断不可调和。发奋努力当然可以增加个人的机会，但只靠努力并不能确保收获。那些曾同样努力进行尝试的人，他们生出的妒嫉尽管完全可以理解，却是违反公共利益的。所以，如果共同的利益其实是我们的利益，我们就不能屈服于这种人类本能的愿望，而应该由市场过程来确定回报。除了市场以外，没有人能够确定个人对整个产品贡献的大小，也无法确定应该给一个人多少报酬，才能使他选择从事某些活动，能够为向所有人提供的货物和服务做出最大的贡献。当然，如果认为后者合乎美德，那么市场就能产生最道德的结果。

一些没有任何可实现的内容的承诺，把人类分成了两大敌对群体。妥协的方式并不能消除这一矛盾的根源，因为对于在事实方面的错误认识，每一次让步只能产生更不可实现的期望。然而，一种反资本主义的伦理观仍在继续发展，其基础则是某些人的谬论，他们对创造财富的制度大加挞伐，而他们的生存恰恰是靠了这种制度。他们以自由的热爱者自居，对分立的财产、契约、竞争、广告业、利润甚至金钱本身统统加以谴责。设想如果他们的理由能够告诉他们如何安排人类的努力来更好地为他们固有的愿望服务，他们本身就对文明造成一个重大威胁。他们自以为自己的理性能够告诉他们如何安排人类的努力，使其更好地服务于他们的内心愿望，其实他们自己构成了对文明的严重威胁。

第八章　扩展秩序和人口增长

国家繁荣最关键的因素是其居民数量的增长。

——亚当·斯密

马尔萨斯恐慌症：对人口过剩的担忧

我一直在试图解释，尽管有来自我们的本能的反对，尽管存在着对自发过程中所有不确定的事物的恐惧和对经济的普遍无知，尽管在试图用所谓理性手段取得实际上是返祖目标的运动中，存在着所有这些陈腐的论调，人类合作的扩展秩序是如何演进的。我也坚持认为，如果这些运动在取消市场上果然大获成功，扩展秩序就会崩溃，许多人就会受苦受难甚至命归黄泉。不管你是否喜欢，目前的世界人口已经存在。摧毁他们的物质基础，以便取得社会主义者鼓吹的符合"道德"或本能的改进，无异于宽恕造成上亿人死亡并让其余的人陷入贫穷这种滔天大罪。（见我的 1954/1967：208；和 1983：25—29。）

某些逐渐形成的行为模式、制度和人类相互作用的方式，以及它们所带来的好处，同人口规模之间有着密切的关系，这算不上是什么新发现。亚当·斯密最深刻的见解之一（1776/1976：31），就是"交换的力量为劳动分工提供了契机，因此分工的程度必然总是受制于这种力量的规模，或者换句话说，受制于市场

的规模"；还可以参见他的《法理学讲义》（1978：582—586）
中"关于劳动分工的两个残篇"。我们也已清楚地看到，那些采
取了市场竞争做法的人，随着其数量的增长，会取代那些遵守着
另一些习惯的人。遵照约翰·洛克在第二篇论文（1690/1887）
中的类似主张，美国历史学家詹姆士·沙利文早在1795年就提
到美国土著如何被欧洲殖民者取代，并且现在能让500个有头脑
的人过上富足生活的地方，过去只能供一个原始人靠打猎在
"饥饿中度日"（1795：139）。（那些继续主要以狩猎为生的美洲
土著部落，也被来自另一个方向的人，即学会了农耕的部落所
取代。）

尽管一个群体对另一个群体、一套实践对另一套实践的取代
常常伴着腥风血雨，却不一定总是需要这样。毫无疑问，地点不
同，事情的过程也会有所不同，我们这里不可能一一详述，不过
人们可以想像到事件的不同结果。可以说，在受到扩展秩序侵入
的一些地方，那些采纳了新的做法，因而能够从已有土地上取得
更多收获的人，作为对能够利用其土地的回报而向另一些居住者
提供的东西（无需这些居住者做任何事，也无须"入侵者"使
用武力），往往同他们通过辛勤劳作所能获得东西一样多，有时
甚至更多。另一方面，自身极高的居住密度，也使更先进的人民
能够抵御那些将他们从一片在以原始方式利用土地的时代就一直
为他们所使用和必需的广阔土地上赶走的企图。许多这样的过程
都在完全和平的条件下发生，当然，商业上有组织的人所具有的
更强大的军事力量，往往会加速这一过程。

即使市场的扩展和人口的增长可以完全通过和平的方式取
得，但是见识广博和善于思考的人如今却越来越不愿意继续接受
人口增长和文明兴盛之间的联系。相反，当他们思考我们现在的
人口密度，特别是过去300年间人口的增长速度时，他们变得高
度警觉，视人口增长的前景为噩梦般的灾难。甚至像弗莱

（1967：60）这样一向明智的哲学家，也对朱利安·郝胥黎大加赞赏，因为"在人们还没有像现在这样普遍认识到这一点之前"，他早就认识到了"人口增长是人类现在和未来幸福的首要威胁"。

我一直主张社会主义是对人类现在和未来幸福的威胁，我的意思是，无论社会主义还是任何已知的市场秩序的替代物，都不能承受目前的世界人口。但是像刚才引用过的那种反对意见，往往是出自那些并不提倡社会主义的人，他们认为，既是如此大量的人口的制造者，又是这大量人口之产物的市场秩序，也对人类的幸福构成了严重的威胁。现在显然必须来谈谈这个矛盾。

人口增长会让全球陷入贫困，这一近代观念完全是错误的。它在很大程度上是因为过于简单化的马尔萨斯人口论造成的；马尔萨斯的理论在他那个时代，为认识这一问题提供了合理的第一步，但是现代条件已使它变得毫无意义。马尔萨斯假定人类劳动力几乎可以被看做是同质的生产要素（即工资劳动者全有着相同的性质，他们全都从事农业，有着相同的工具和机会），这在当时的经济秩序下与事实相去不远（理论上的两要素经济）。对回报减少原理的最早发现者之一的马尔萨斯来说，这肯定说明了只要劳动者数量一增加，就会导致我们现在所称的边际生产率的下降，因此工人的收入也会随之下降，在最好的土地被合理划分成小块土地时尤其如此（关于马尔萨斯的两条定理之间的关系，见麦克莱利，1953：111）。

然而，在我们一直讨论的变化了的条件下，情况便不再是这样了，这时的劳动力不再是同质的，而是种类繁多各有所长。随着交流的加强和通讯及运输技术的改进，人口的增长和就业密度，使劳动分工具有了优势，导致了迅速的多样化、差异化和专业化，使人们有可能开发出新的生产要素并提高生产率（见第二章、第三章及下文）。不同的技能，无论是天生的或后天获得的，都成了各具特色的难得的要素，常常在多方面互为补充；这使工人们值得去掌握那些能够得到不同市场价格的新技能。自愿的专业化是预期回报上的差别造成的。所以劳动可以造成回报的增加而不是减少。更为密集的人口也会采用一些在人口稀少的地方毫无用处的工艺技术，如果别的地方已经开发出这些技术，它们也可以通过引进而被迅速采用（假如能够得到所需资本的话）。与更多的人和平相处经常交往，即使仅有这样一个事实，也能够使可获得的资源得到更充分的利用。

在这种情况下，劳动不再是同质的生产要素，因此马尔萨斯的结论也就不再适用。相反，由于进一步的分化，人口的增加现在可以导致人口进一步增加，不仅会在一个无法确定的时期内自我加速，而且是提高物质文明和（由于个性化）精神文明的前提。

所以，带来生产率提高的，不仅仅是更多的人，而且是更加不同的人。人们变得强大，是因为他们变得如此不同：新的专业化的可能性（不十分取决于个人智力的提高，而取决于个人越来越多的差异）为更成功地利用地球资源提供了基础。这反过来又要求由市场信号机制所保证的间接互惠服务网络的扩展。由于市场揭示出了全新的专业化机会，两要素模式，连同马尔萨斯得出的结论，变得越来越不恰当。

普遍存在的担心，即参与并促成了所有这些现象的人口增长，也会导致贫穷和灾难，主要是因为对一个统计计算的误解。

这并不是否认人口增长可能导致平均收入的减少。但是对这种可能性的解释也是错误的——这一错误的原因就在于，将不同收入阶层中现有人口的平均收入同后来出现的更多的人口的平均收入混为一谈。无产阶级是额外增加出来的人口，如果没有新的就业机会，其人口也永远不会增长。出现平均收入的下降，仅仅是因为人口的大量增长一般会引起人口中较贫穷阶层而非较富裕阶层人数的增长。但是不能由此便得出错误的结论说，在这一过程中所有的人都会变得更穷。在现有社会中没有一个人必然变穷（尽管一些富人在这一过程中有可能被一些后来者取代，因而下降到一个较低的水平）。事实上，每个已经活在世上的人，都有可能更有富一些；但是由于在现有人口中又增加了大量的穷人，平均收入就有可能下降。一个不值一提的事实是，平均数的减少同所有收入群体人数的增加并不矛盾，但高收入人数的增长低于低收入人数的增长。也就是说，如果收入金字塔底部的人数增加大于其高度的增加，增加了的总收入的平均数就会变小。

由此可以得出一个更为正确的结论：占数量多数的穷人从增长中获得的益处大于占数量少数的富人。资本主义创造了就业的可能性。它所创造的条件，使那些没有从父母那里获得维持自己及其后代的生存所需的工具和土地的人，可以从别人那里获得这些东西，当然这对双方都有利。这个过程使人们能够在贫穷中生存并繁衍后代，而如果没有生产性的工作机会，这些后代几乎很难长大成人并继续繁衍后代：这一过程使千百万人来到这个世界并使他们得以生存下来，而如果没有这个过程，他们根本就不可能存在，或者即使他们能够生存一段时间，也无力生育后代。就此而言，穷人从这一过程中获得了更多的好处。正如卡尔·马克思所言，"资本主义"创造了无产阶级：它使他们诞生并生存下来。

所以，认为富人剥夺了穷人的东西，如果他们不用武力，这些东西本来是属于或至少可能属于穷人，这整个论点纯属无稽之谈。

一个民族，它的资本储备规模，以及它为获得和交流信息而积累起来的传统和习惯做法，决定着该民族能够维持众多的人口。只有当那些从事着投资活动，在目前的支出和未来的回报之间架起一座桥梁的人，能够从这种行为中获得至少同他们将资本挪作它用一样的收益时，人们才会有工作，才能生产出各种物资和工具满足未知人口的未来需求。

所以，没有富人——没有那些积累资本的人，穷人即使能够生存，也只会愈加贫穷，他们在贫瘠的土地上挣扎，每一次旱灾都会夺走他们尽力抚养的大多数孩子的生命。资本的创造比其他任何方式更大地改变了这种状况。由于资本家能够为了自己的目的雇佣别人，因此他这种养活他们的能力对双方都有利。当有些人能够雇佣别人，不仅是为了满足自己的直接需要，而且是为了同无数其他人进行货物和服务的交易时，这种能力还会进一步增长。所以说，财产、契约、贸易和资本的运用，并非只对少数人有利。

嫉妒和无知使人们认为，如果有人拥有超过了他当前消费所需的财富，这并不是什么功德，而是应当受到谴责。不过，认为积累这种资本只能以别人为代价的观点，却是退回到了一种毫无根据的经济观点，尽管在某些人来说似乎就是如此，而且它使人们无法正确理解经济的发展。

问题的区域特征

造成误解的另一个根源是，人们往往只从全球范围内考虑人口增长。人口问题必须被看做是区域性的，在不同的地区呈现不同的态势。真正的问题在于，特定地区的居民数量是否因为无论什么原因，总是比该地区的资源（包括他们可以用于贸易的资源）增长得更快。

只要人口的增长是由于该地区人口生产力的提高，或是更有效地利用了他们的资源，而不是因为外部对这种增长的人为支持，就不必为此感到担心。从道德上说，我们无权阻止世界上其他地区人口的增长，正像我们没有义务援助这种增长一样。但另一方面，如果物质发达的国家对于像中非的萨赫勒这类地区的人口增长，不断给以援助甚至资金上支持，而这些地区的现有人口（更不要说增加的人口）在可预见的未来几乎不可能靠自身的努力生存，这就会造成道德上的矛盾。试图把人口维持在一个数量之上，使积累的资本无法不断地用于再生产，能够维持的人口数量就会减少。除非我们进行干预，这些人口只有在能养活自己时才会增长。发达国家通过帮助像萨赫勒那样的地区的人口增长，唤起了希望，造成了承担义务的条件，同时也就承担了他们迟早有可能放弃的重大责任。人类并非能力无限，承认自己力量的局限性，而不是凭着本能的冲动去消除遥远的不幸（不幸的是，他并不能提供多大的帮助），这可以使他更能接近于实现自己的愿望。

无论如何，在同我们有关的可预见的未来，并不存在世界总体人口超出其原材料资源的危险，而且我们有充分的理由假定，在这种情况发生之前，固有的力量便早已中止了这个过程。（相关研究见西蒙，［1977，1981 a，1981b］、博塞鲁普［1981］、诺斯［1973，1981］、鲍尔［1981］以及我自己的1954：15 和1967：208。）

在除欧洲以外的所有大陆的温带地区，存在着广大的地区不但能够承受人口的增长，而且那里的居民仅仅通过增加土地居住密度并加强其资源的开发，也有望达到"西方"国家已经达到的普遍富足、舒适和文明的水平。在这些地区，如果人们想达到他们所追求的标准，其人口就必然增加。人口增长符合他们自身的利益，劝说他们减少人口，更不用说强迫他们这样做，不仅显得自以为是，道德上也难以成立。如果我们试图不加区别地养活世界各地所有的人口，也许会带来严重的问题，但是有些群体能够通过自身的努力来维持其人口的数量，外人反对他们的人口增长便是没有道理的。已经非常富裕的国家的居民，几乎没有任何权利要求"结束增长"（像罗马俱乐部或新近发表的《全球2000》所做的那样）或对憎恨这种政策的国家横加阻挠。

在这种提议限制人口的政策中，包含着一些蛮不讲理的观点，例如发达民族应将仍由不发达民族居住的一部分地区变为某种自然公园。以为享受着乡村贫困生活的幸福的原始人，会愉快地放弃发展，不在乎它能给他们许多人带来的那些他们已经意识到的文明的好处，这种田园诗般的景象，纯粹是建立在幻觉之上。如我们所知，这些好处确实要求做出一些本能或其他方面的牺牲。但是欠发达民族必须自己独立地作出决定：是否值得为物质上的舒适和先进的文化作出这些牺牲。当然不能强迫他们进行现代化，但是也不能通过孤立政策阻止他们寻求现代化的机会。

除了因穷人数量的增加迫使政府为了自己的利益重新分配收入的情况外，历史上还没有出现过由于人口增长而使其中已经达到不同水平的成员生活标准下降的事例。西蒙曾令人信服地指出，"不管现在还是过去，没有任何经验资料表明，人口的增长、规模或密度对生活水平造成了负面影响"（1981a：18 及他关于这个问题的主要作品 1977 和 1981b）。

多样性与差异

差异是理解人口增长的关键，因此我们有必要对这一关键问题稍加展开。人类的独特成就，即导致他的其他许多突出特性的成就，就在于他的差异和多样性。除了少数物种因为人类施加的人为选择而产生了具有可比性的多样性外，人类的多样性无与伦比。这是因为在自然选择的过程中，人类发展出了向自己同伴学习的极为有效的器官。这使人类数量的增长在其历史发展的多数时期不是像其他物种那样受着自我限制，而是受到着自我激励。人口的增长呈现某种连锁反应的方式，土地居住密度越大，就越能给专业化提供新的机会，从而导致个人生产率的提高，这反过来又引起人口的进一步增长。此外，在这大量的人口中间，不仅发展出了多种多样的内在属性，而且形成了千姿百态的文化传统，他们强大的智力，特别是在其漫长的成熟期，使他们能够从中作出挑选。人类的大多数现在能够维持自己的生存，正是因为他们具有的高度的灵活性，因为存在着如此众多的不同个体，他们不同的天赋使他们能够通过吸收不同的传统所形成的无限多样性的组合，使他们彼此之间进一步各具特色。

由不断增加的人口密度提供着新机会的多样性，从本质上说，是劳动、技能、信息、知识、财产和收入的多样性。这个过程既不简单也无因果关系，而且不可预测，因为在每一阶段，不断增加的人口密度仅仅创造了一些有待实现的可能性，这种可能性可能会，也可能不会被发现并迅速得到落实。只有当一些早期的人通过了这一阶段，并且其做法可以被他人仿效时，这一过程才会十分迅速地进行。学习是通过多种渠道进行的，而且需要一个前提，即个人处境的丰富多彩，以及能够带来合作的群体和个人之间的交流。

人们一旦学会了利用人口密度增加所提供的新机会（不仅由于分工、知识和财产，而且由于一些个体积累起新的资本形式而引起的专门化），这就会成为进一步增长的基础。由于多样化、差异、距离越来越遥远的交往和相互影响以及跨越时间的传播过程，人类已经成了一个独特的物种，它保留着一些有利于其成员进一步增加的结构特征。

据我们所知，扩展秩序很可能是宇宙间最复杂的结构，在这个结构中，已经非常复杂的生物有机体又获得了学习和吸收超越个人的传统成分的能力，这使他们能够一刻不停地适应不断变化的、包含着更复杂秩序的结构。人口进一步增长的暂时障碍被逐步冲破，人口增长为进一步的人口增长提供了基础，如此往复不已，便产生一个不断进步的累积过程，直到地球上所有肥沃丰饶的地区被同样密集的人口占用为止。

中心和边缘

当然会有走到头的时候，不过我并不认为，极令人惊惧的、导致"房间里只有站票"的人口爆炸，已经近在眼前。人口增长的故事现在也许已经接近尾声，或至少是就要进入一个新的层次。因为人口的最高速增长从未出现在发达的市场经济，而总是出现在发达经济的边缘，出现在那些不拥有能够维持自己生存的肥沃土地和设备，是"资本家"为他们提供了新生存机会的穷人中间。

然而，这些边缘正在逐渐消失。而且几乎没有任何国家再进入这个边缘：人口增长的爆炸过程，大约在上一代就已经几乎波及到地球的每个角落了。

因此，对于这样的推测，即过去数百年间人口无限制加速增长的趋势，会在未来无限期地继续存在，有充分的理由表示怀疑。我们可以希望并期待着，现在正进入扩展秩序的那些人，一旦他们用尽了剩余的机会，他们令人倍感担忧的人口增加，也会逐渐减速。毕竟非常富裕的群体并未呈现出这样的趋势。我们所知不多，因此不能说什么时候会到达这一转折点，但我们有理由假定，人口不可避免的无限期增长这种神话所编造出来恐怖景象，还需要相当长的时间才会来到我们面前。

我以为这个问题正在消失：人口增长率正在接近或已经达到顶点，不会继续提高，而是会下降。人们当然不能言之凿凿，但是，只要没有蓄意的介入刺激其增长，看来（即使还没有实际发生）人口增长会在本世纪最后 10 年的某个时候达到最高峰，此后便会逐渐下降。

早在 20 世纪 60 年代中期，发展中地区人口的年增长率就达到了约 2.4% 的最高点，然后便开始下降，达到了目前 2.1% 左右的水平。而同一时期，较发达地区的人口增长率已开始下降。所以说，到了 60 年代中期，人口似乎已达到了空前的年最高增长率并开始回落（联合国，1980 和科恩，1984：50—51）。正如科恩所说："人类已经开始实施或体验到了支配着其所有同类的限制。"

如果我们更仔细地考察一下处在发展中经济边缘的人口，就可能更容易理解这些运转过程。发展中国家那些迅速崛起的城市，如墨西哥城、开罗、加尔各达、圣保罗、雅加达、加拉加斯、拉各斯、孟买，其人口在短时间便翻一番甚至更多，老城中心被城市贫民窟或"市郊贫民区"所环绕。

这些城市的人口增长是因为这样一个事实：生活在市场经济边缘的人们尽管已从参与市场经济中获益（例如通过接受更先进的医疗、各种更有用的信息及先进的经济制度和行为方式），但还没有完全适应这种经济的传统、道德和习惯。例如，他们仍然有可能实践着市场经济以外的的生育习惯，如财富稍有增加，穷人的第一反应就是生育一些后代，至少足够供其养老。这些旧习惯正逐渐地，在一些地方甚至是迅速地消失，这些边缘群体，特别是最靠近中心的群体，正在接受更有利于他们节制生育的传统。所以，不断发展的商业中心所以引人入胜，在一定程度上是由于它们提供了如何通过模仿使许多人达到自己愿望的模式。

这些城市贫民窟本身就是个很有意思的现象，它们证实了早些时候提出的其他几个论点。例如，这些城市周围的农村人口并没有因城市贫民窟而减少；他们通常也从城市的发展中获益。城市为千百万人提供了生存机会，如果这些人（或其父母）没有移居到城市，他们就会死亡甚至不可能降生。那些移居城市（或城市边缘）的人所以被带到了这里，既不是因为城里人有着

为他们提供工作和工具的慈悲心肠，也不是因为富有的乡村
"邻里"善意的劝告，而是因为听信了关于同他们素不相识的另
一些穷人（也许来自某个遥远的山区）的传言，这些人因为听
说能够在那里打工挣钱而去了正在发展的城市，从而保住了自己
的性命。这些人所以能够保住性命，是因为他们向往甚至贪图更
好的生活，而不是因为别人的善行，而且这样做的效果要比善行
更好。乡下来的人虽然不可能用抽象的概念理解问题，但是他们
从市场信号中得知，当前已经不足以支付城里富人消费的收入，
被用来向另一些人提供工具和生计，作为对他们工作的报偿，使
那些没有继承下可耕地和农具的人能够生存下来。

　　当然，就某些人而言，生活在城市贫民窟的人是有意选择了
贫民窟而不是乡村（对于它人们有着那么多的浪漫感情）作为
他们生息之地，让他们承认这一点是很难的。但正如恩格斯在当
时的曼彻斯特贫民窟里发现的爱尔兰和英格兰农民的情况那样，
事情确实如此。

　　这些边缘地区贫困的主要原因是，经济困境使得那些经济上
的边缘群体居住在那里而不是乡下。第三世界的政府管理经济的
努力所产生的有害的"周期性"效应，以及这些政府向既得利
益的劳动者或误入歧途的社会改革家们做出让步，在消灭边缘群
体就业机会上表现出的能力，也是个不容忽视的因素。

　　最后，人们有时在这里可以直接目睹一些以最明白的形式表
现出来的选择过程，即受到商业道德最残酷而明显打击的，并不
是已经学会了以相对较先进的形式实践它们的人，而是那些尚未
学会如何应付它们的后来者。生活在边缘的人还不能完全服从新
的习惯（所以总是被视为"不良分子"，有时甚至被认为接近于
罪犯）。他们也亲身体验了更先进的文明习惯给那些仍按部族和
村落道德思维的人们所带来的首次冲击。无论这个过程对他们有
多么痛苦，他们毕竟也从商业阶层的实践所形成的分工中受益，

甚至可以说他们受益尤多；他们许多人逐渐改弦易辙，由此才改善了自己的生活质量。他们的行为至少要有些最起码的变化，这是他们同意进入已建立的较大群体并逐渐增加他们在总产品中所得份额的前提。

依赖不同规则体系生存的人的数量决定着哪种体系会占优势。这些规则体系未必是广大群众（居住在城市贫民窟里的人只是其中一个生动的事例）本身已经完全接受的体系，而是一个核心群体所遵循的体系，越来越多的人聚集在这个核心群体的周围，分享着不断增长的总产品的收益。那些至少部分接受了扩展秩序的习惯并从中获益的人，在这样做时常常并没有意识到因这种变化最终要付出的代价。不仅原始的乡下人会得到这些残酷的教训，统治一地臣民甚至消灭其精英的军事征服者，也常常在日后不无遗憾地认识到，要想分享当地的利益，得入乡随俗才成。

资本主义使无产者生存

在剩余的篇幅里，我们不妨把我们的主要论点做一总结，并指出它们的若干含义。

如果我们问，那些被称作资本家的人，人们最应该把什么东西归功于他们的道德实践，答案是：人们的生存。社会主义者认为，所以存在着无产阶级，是因为一些原本能够维持自己生存的群体受到了剥削，这种解释纯属天方夜谭。如果没有另一些人为其提供维持生活的手段，构成现在无产者的大部分人根本就不可能存在。尽管这些人可能有受人剥削的感觉，政客们也可能煽动并利用这种感觉以获取权力，但西方的大多数无产阶级，以及发展中国家成千上万的无产阶级中的大多数人，都将他们的生存归因于发达国家给他们创造的机会。这一切还不限于西方国家和发展中国家。像俄罗斯这样的共产主义国家，如果不是西方国家维持其国民生存的话，他们现在也会忍饥挨饿，虽然这些国家的领导人很难公开承认，只要我们成功地维持并改进使扩展秩序成为可能的私有财产基础，我们就能养活目前包括共产主义国家在内的世界人口。

资本主义还采用了一种从生产中获取收入的新方式，它能够使人们，常常也包括他们的后代，独立于家族或部落，从而使他们获得解放。事情就是如此，虽然由于"工会"这种有组织的工人团体的垄断地位，资本主义有时不能向希望利用它的人提供它能够提供的全部好处，因为这种工会阻止愿意以低工资做工的人从事这些工作。

用抽象的规则代替具体目标，其普遍的优势在这些事例中得到了明显的体现。谁也不能预测将会发生什么。想使人类尽可能快速增长的自觉愿望，或是对已知的具体生命的关切，都不会产生那样的结果。那些最早采用新行为模式（储蓄、私有财产等等）的人，他们的后代也并不总能因此而获得更好的生存机会。因为这些行为模式并不维护特定的生命，它只是增加了该群体人口更快速繁衍的机会（或前景，或可能性）。这种结果只可预见，不能强求。有些行为模式实际上导致了某些个人的生命失去尊严，甚至要有不惜杀婴、丢弃老弱病残或处死危险分子的准备，这都是为了使其他人生存和增长的前景能够有所改进。

我们很难说，人口的增加是件绝对的好事。我们仅仅认为，这种结果，即遵循着特定规则的特定人口的增加，导致人们去选择那些其优势能促进人口进一步增加的行为模式。（如我们在第一章中看到的，这也不是说，限制和压抑某些固有感情的先进道德应该完全取代这些感情。我们与生俱来的本能，在我们同邻里的交往以及其他一些情况下，仍然是很重要的。）

如果说，市场经济占了其他秩序的上风，是因为它能够使采

纳了其基本规则的群体更好地繁衍，价值的计算就成了对生命的
计算：受这一计算引导的个人，就是在做最有益于增加其成员的
事情，尽管很难说这是他们的本意。

成本核算就是生命核算

　　尽管"生命核算"这一概念不能照字面意思来理解，但它
远不止是一个比喻。在经济活动对人类生存的维护中，也许不存
在简单的数量关系，但市场活动最终后果的重要性，再怎么估计
也算不上过分。然而必须加上几个限制性条件。在很大程度上
说，当问题是牺牲少数人以满足更大数量的另一些人的需求时，
只有那些未知的生命会被作为很多单位加以计算。即使我们不愿
意面对这个事实，我们也常常不得不作出这样的决定。在公开或
私下的决定中，未知的每个生命都不是绝对的价值，公路、医院
或电力设备的建造者从来不会采取预防措施，最大限度地减少致
命的事故，因为避免由此在别处引起的成本，人类生命的总体风
险就会大大降低。当军队外科医生在战斗后采用"应急救治原
则"时——他让一个可能得救的人死去，因为在用来抢救这人
的时间内，他可以拯救其他三个人（见哈丁，1980：59，哈丁
将"应急救治原则"定义为"拯救最多生命的程序"）——他就
是在进行生命核算。这里还有一个例子可以说明我们如何在拯救
更多的人和更少的人之间作出选择，虽然它也许只是对应当作什
么的一种模模糊糊的感觉。要求保护尽可能多的人的生命，并不
等于把所有个人的生命看得同等重要。在我们上面提到的例子
里，拯救医生的生命可能比拯救他的任何一个病人的生命更重
要：不然没有人能够活下来。有些生命显然更重要，因为他们能
够创造或维持其他生命。群体中好的猎手或卫士、能生育的母亲
及有智慧的老人，可能比大多数婴儿和大多数上年纪的人更重

要。一个好的首领的生命得到了保障，其他许多人的生命也就有了依靠。能干的人可能比其他成年人对群体更有价值。进化趋势的影响，并不在于人口的现有数量，而是未来人口的出生率。如果一个群体中的所有育龄男女，以及保护他们并给他们提供衣食所需的人有了保障，未来人口增长的机会就不会受到影响，而所有45岁以下妇女的死亡将会毁灭传种接代的所有可能性。

如果由于这个原因，所有的未知生命在扩展秩序中必须被平等相待（就政府行为而言，在我们的理想中我们已经接近这个目标），但是在小团体或我们的固有反应中，这个目标却从来没有支配过行为。于是有人提出了这个原则的道德或善恶的问题。

就像其他每个有机体一样，人类的生理构造和他的传统的主要"目标"，就是生育后代。在这一点上他做得异常成功，他的自觉努力，不管他知道还是不知道，只有对这一结果有所贡献才会具有最持久的效力。他那些促成这一结果的行为是不是真正的"善"，这种问题，尤其当这样做的意图是要问我们是否喜欢这些结果时，便是毫无实际意义的。因为正如我们所看到的，我们从来都不能够选择我们的道德观。尽管有人倾向于从功利主义角度解释"善"，认为凡是能带来理想结果的，就是"善的"，但是这种主张既不正确也没有用处。即使我们把自己限制在通常的含义上，我们也会发现，"善"这一概念一般是指传统告诉我们应该做的，我们不必知道为什么要这样做——这并不是否认对特定的传统总是要找出一些正当的理由。我们完全可以问，在传统视为善的许多相互矛盾的规则中，哪一些规则在特定条件下能保障遵循它们的群体的生命并使其人口增长。

生命只以本身为目的

生命只有在能够维持自身的延续时才存在。不管人们活着有什么目的，今天的大多数人所以活着，仅仅是因为有市场秩序。我们因为人口的增长变成了文明人，而造成这一增长的正是文明：我们可以做人口稀少的野蛮人，也可以做人口众多的文明人。如果将人口数量减少到10000年前的水平，人类也保不住文明。实际上，即使将已获得的知识储存在图书馆里，如果没有足够的人从事广泛的专门化和劳动分工所要求的各种工作，人们也不能够利用这些知识。书本知识不能使某个地方的10000人在原子弹浩劫后免于退回到狩猎采摘的生活，尽管书本知识能缩短人类在这种状况下生存的时间。

人们开始取得超出他们所知范围的成就，是因为他们开始让具体的共同目标服从一些抽象的规则，这使他们能够参与一个有序合作的过程，对于这个过程，没有人能够进行把握或安排，也没有人能够预测。这时，他们会创造出一些意外的、往往没人需要的条件。我们的规则所以能够形成，主要是由于它们适合于让我们增加人口，对这个事实我们可能感到不快，但在这一点上我们现在几乎没有别的选择（即使我们曾经有过），因为我们必须应付一个已经出现的局面。现在已经有这么多人活在世上，只有市场经济能够让他们生存下去。由于信息的迅速传递，各地的人现在都知道生活水平能够达到多高的水平，生活在一些人口稀少地区的大多数人有望达到这种水平，只能依靠增加人口并提高居住地的人口密度——这就会使人口进一步增加，而只有市场经济能够维持他们的生存。

我们只有遵守相同的普遍原则，才能确保现有人口的生存，因此，除非我们真希望成千上万的人饿死，我们就有责任反对宣扬那些有可能摧毁像分立的财产制度这样的基本道德原则的信条。

总之，我们的愿望和追求在很大程度上与此无关。不管我们是否愿意让人口进一步增加，仅仅为了维持现有的人口数量和财富，尽我们最大的努力保护现有的人免受贫困，我们也必须在有利的条件下为今后会继续发生的事情而奋斗，尽管至少在一段时期以及在许多地方它仍会导致人口的进一步增长。

我不打算对这样的问题做出评价，即如果我们可以选择的话，我们是否还愿意选择文明，但这里所评价的人口问题却涉及到两个相关的要点。首先，正如我们所知，人口爆炸会使大多数人陷入贫穷的恐怖景象看来毫无根据。一旦这一危险被消除，如果再想一下"资产阶级"生活的现实，而不是摆脱各种矛盾和痛苦、没有责任和道德的乌托邦要求，人们就会认为，文明的乐趣与激励对于还无缘享受的人来说，应是一笔不坏的交易。但我们是否因为变成了文明人就会更加善良，是不能通过这样的思考最终得到回答的。第二点是，唯一接近于对这个问题的客观评价的做法是，当人们能够选择的时候，看他们会做些什么——因为我们已不能做出这种选择。与西方受过教育的知识分子相反，第三世界的平民百姓似乎欣然接受扩展秩序提供给他们的机会，即使这意味着有一段时间要住在边缘的城市贫民窟里，这种态度为欧洲农民对引进城市资本主义做出反应的事例提供进一步的佐证，它表明，人们如果有选择权的话，他们通常会选择文明。

第九章　宗教与传统的守护者

在矫揉造作的理性和哲学时代出现以前很久，宗教，即使它只有最为粗陋的形式，便已经颁布了道德规则。

——亚当·斯密

有些感觉迟钝的人，总是诅咒他们热爱过的东西。

——伯纳德·曼德维尔

传统守护者的自然选择

在本书行将结束之际，我想就这本书的论点和宗教信仰的作用之间的联系，做一点非正式的说明。它们是非正式的——我的意图仅限于此。这些说明可能让某些知识分子感到不快，因为它们表明，在同宗教的长期对抗中，他们在一定程度上是错误的，而且十分缺乏鉴别力。

我在本书中揭示了分裂成两种生存状态的人类。第一种人的态度和情感所适应的是小群体的行为，人类在这样的小群体中生活了几十万年，他们相互认识，相互满足对方的需要，并追求着共同的目标。不可思议的是，这些过时的，很原始的态度和情感，现在却得到了理性主义以及与它结盟的经验主义、享乐主义和社会主义的支持。第二种是文化进化中较为晚近的发展，这时我们不再主要服务于熟悉的同伴或追求共同的目标，而是逐步形成了各种制度、道德体系和传统，它们所导致并维持其生存的人口，是生活在文明开始前人口数量的许多倍，这些人主要是以和平竞争的方式，在同成千上万他们素不相识的人的合作中，追求着自己所选择的成千上万个不同的目标。

这样的事情是如何发生的呢？那些人们既不喜欢也不理解的传统，对于其效用他们通常并不赞赏，甚至既看不到也不能预测，而且仍在对它激烈抨击，它怎么还是能够继续代代相传呢？

部分答案就是我们一开始就提到的道德秩序在群体选择中的进化过程：按这些方式做事的群体就会生存下来并得以发展。但这还不是故事的全部。这些行为规则的产生，如果并非因为人们理解它们在创造当时还无法想像的合作的扩展秩序中起着有益的作用，它们又是从哪里来的呢？更重要的是，面对本能的强烈反对以及近代理性主义的冲击，它们又是如何保留下来的呢？我们来看看宗教。

习惯和传统都是对环境的理性不及的适应方式，在得到图腾和禁忌、神秘主义或宗教信仰——从人类以泛灵论方式解释他们遇到的任何秩序的倾向中产生的信仰——的支持时，它们更有可能支配着群体的选择。对个人行为的这些限制作用，最初有可能是作为辨别群体成员的标志。后来，关于神灵会惩罚违反者的信仰，使这些限制得以保留下来。"神灵被普遍看做传统的守护者……我们的祖先现在作为神灵生活在另一个世界里……如果我们不遵守习惯，他们就会发怒并把事情弄糟。"（马林诺夫斯基，1936：25）

但这还不足以产生真正的选择，因为这些信仰以及相关的礼仪，还必须在另一个层面上起作用。共同的行为模式必须有机会对一个群体产生范围不断扩大的有益影响，进化中的选择作用才能得到落实。在这段时间，它们又是怎样代代相传的呢？与遗传属性不同，文化属性是不能自动传递的。代与代之间的传递和不传递对一个传统体系所起的积极或消极作用，同个人所起的作用是一样的。要想保证任何具体的传统真正延续下去并最终广为传播，很可能需要许多代人的时间。这一切的发生可能需要某种神秘的信仰，尤其是当行为规则与本能相冲突时。仅仅用功利主义甚至功能主义来解释不同的礼仪是不充分的，甚至是没有道理的。

有益的传统被保留下来并至少传递了足够长的时间，使遵循它们的群体的人口得以增加并有机会在自然或文化选择中扩张，我们认为这在一定程度上要归因于神秘主义和宗教信仰，而且我相信，尤其应归因于一神教信仰。这就是说，不管是否喜欢，我们应把某些习惯的维持，以及从这些习惯中产生的文明，在一定程度上归因于一些信仰的支持，这些信仰从科学的意义上讲是不真实的，即无法证实或无法检验的，并且它们肯定不是理性论证的结果。我有时认为，至少它们中间的一部分，也许可以被恰当地叫做"象征性真理"，即使这只是一种赞赏的姿态，因为它们帮助其信徒"在大地上劳有所获，繁衍生息，人丁兴旺，物产丰盈"（《旧约·创世记》，1：28）。甚至我们中间像我这样的一些人，虽然并不打算赞同存在着一个人格神的拟人论观念，他们也应当承认，过早失掉我们视为不真实的信仰，会使人类在我们正享受着的扩展秩序的长期发展中失去一个强有力的支持，而且即使到了今天，失去这些无论真实还是虚假的信仰，仍会造成很大的困难。

总之，宗教认为道德是由我们无法理解的过程决定的，这一观点也许比理性主义的欺人之谈更真实，因为后者认为，人类是利用自己的才智发明了道德，从而使他们有能力取得出乎他们预料的成就。如果我们记住了这些事情，我们就能更好地理解那些传教士，据说他们对自己的教诲是否正确已经有所怀疑，却依然继续传教，因为他们担心信仰的失落将导致道德的衰亡。毫无疑问他们是正确的；甚至不可知论者也应该承认，不仅提供了我们的文明，甚至也提供了我们的生命的道德和传统，都要因为接受了在科学意义上不可接受的现实主张。

一方面是宗教，另一方面是一些形成并推动了文明的价值观念，如家庭和分立的财产，它们之间有着无可怀疑的历史联系，但这不一定是指在宗教本身和这些价值之间有任何内在关系。在过去两千年的宗教创始人中，许多是反对财产和家庭的。但是，只有那些赞同财产和家庭的宗教延续了下来。所以，既反对财产又反对家庭（因此也反对宗教）的共产主义主张是没有前途的。在我看来，它本身就是一种宗教，它曾一度得势，如今则正在迅速衰落。在共产主义和社会主义国家，我们正在目睹宗教信仰的自然选择如何清除那些不适合生存的现象。

我所说的共产主义的衰退，当然主要是发生在真正实施过它的地方——因此也可以让那些虚幻的希望破灭。不过它也活在那些并没有体验到其实际后果的人们心中：西方的知识分子，以及处在扩展秩序边缘即第三世界的穷人。在前者中间，似乎已经越来越强烈地意识到这里所批评的理性主义是个冒牌的上帝；但是需要有个什么上帝的意愿依然如故，并且这种需要可以通过回到一种黑格尔辩证法的奇谈怪论而部分地得到满足，因为它允许理性的幻想同一个信仰体系并存，这种信仰因不加怀疑地献身于一个"人道主义整体"（它本身其实就是一个我所批评的那种建构论意义上极端理性主义的概念）而杜绝任何批评。正如马尔库塞所言，"个人生存的（而不是自由主义意义上的）真正自由，只有在一个专门建构的城邦中，在一个'合理'组织的社会中才是可能的"（引自杰伊，1973：119。如想了解这个"合理"指是什么，参见同一本书的49，57，60，64，81，152及相关各处）。在后一种人中间，"解放神学"可能与民族主义狼狈为奸，生成一种强大的新宗教，给已处于悲惨经济困境中的人带来灾难性后果。

宗教是怎样维护了有益的习俗呢？有些习俗的益处并不为遵守习俗的人所知，这些习俗只有在得到其他一些强烈信念的支持时，才有可能被保留足够长的时间以增加它们的选择优势；有些超自然的或神秘的信仰很容易地起到了这一作用。随着人类相互交往的秩序日益扩大，对本能的要求还会构成更大的威胁，它在一段时间内就更需依靠这类宗教信仰继续发挥影响——它们是一些影响人们去做某些事情的虚假理由，要想维持能够让他们养活越来越多的人口的结构，他们必须做这些事情（见补论G）。

但是，正像扩展秩序绝不是出于人们有意的策划，同样没有理由认为，来自宗教的支持是有意培养出来的，或认为在所有这些事情中往往存在着什么"阴谋"。特别是鉴于我们不能观察到道德的作用这一论点，以下想法实在幼稚：有些聪明的精英冷静地计算着不同道德的作用，从中作出选择，然后企图用柏拉图"高尚的谎言"劝说民众吞下"人民的鸦片"，由此使他们遵守那些促进统治者利益的规定。毫无疑问，对基本宗教信仰中具体主张的选择，常常是由世俗统治者的权宜之计决定的。而且，世俗统治者也不时有意地动员宗教的支持，有时甚至到了玩世不恭的地步——但这往往只涉及一时的争端，在漫长的进化时期几乎无足轻重，在这种长时间的进化中，得到赞成的规则是否促进了共同体的发展这一问题，要比哪个统治集团在某个特定时期对它表示青睐的问题更具决定性。

在描述和评价这些发展时，也会出现一些语言问题。日常语言不足以非常精确地做出必要的区分，在涉及到知识概念时尤其如此。例如，一个人习惯了一种行为方式，他对这种行为方式一无所知，而这种方式不仅能增加他和自己的家人而且能增加与他素不相识的许多人的生存机会，在这种情况下，特别是当他这样做是出于不同的、当然也十分不正确的原因时，会涉及知识问题吗？引导他取得成功的，显然不是一般所谓的理性知识。把这种后天的习惯称为"感情"也没什么用处，因为支配着这种习惯的，并不是可以合理地称为感情的那些因素，虽然有些因素，譬如受到非难或惩罚（不管它是来自人类还是上帝）的恐惧，常常支持或维护着某些具体的习惯。在大多数情况下，取胜的往往是这样一些人，他们坚持"盲目的习惯"，或是通过宗教教义学会了"诚实是最好的策略"之类的观念，他们借此击败了那些另有"理性"见解的更聪明的同类。作为生存战略，严守成规与灵活多变相对应，都在生物进化中起着重要作用；以刻板规则的形式出现的道德，有时可能比易变的规则更为有效，这些遵守着易变规则的人，企图根据特定的事实和可预见的后果，也就是可以更易于称为知识的东西，来指导自己的习惯并改变自己的做法。

就我个人而言，我最好在此声明，我认为自己毫无资格断言或是否定上帝的存在，因为我必须承认，我的确不知道人们想拿上帝这个词来表示什么。但是，对于这个词的拟人论、人格化的或泛灵论的解释，我一概断然予以反对，许多人正是通过这些解释给了这个词一定的含义。存在着一个类似于人或类似于头脑的行动者这种观点，在我看来是对一个与人类似的头脑的能力过分夸大的产物。在我本人的思维架构或我的世界观中，如果有些字眼在其中没有占据能够使它获得意义的位置，则我也不能硬派给它一个意义。如果我使用这些词，仿佛它们表达着我的信念，这无异于欺骗我自己。

长久以来，我一直犹豫不决，是否要把个人的观点写在这里，但我最终还是决定这么做，因为一个坦诚的不可知论者的支持，会帮助信仰宗教的人更加毫不迟疑地探求那些我们享有共识的结论。许多人在谈到上帝时，他们所指的也许只是那些维持其共同体生存的道德传统或价值观的化身。宗教认为人格化的神是秩序的来源，它是一张线路图或一名向导，成功地指引着个体如何在整体中运行。现在我们已经知道，秩序的根源并不在自然界之外，而是它的特征之一。这一特征极为复杂，使任何个体都不可能把握它的"整体形象"或"全景"。因此，禁止偶像崇拜的宗教反对树立这样的形象是很有道理的。也许大多数人只能把抽象的传统看做某个人的意志，才能对它有所理解。如果是这样的话，在较为肤浅的超自然主义已被作为迷信清除的时代，他们不是还可以在"社会"身上找到这种意志吗？

这个问题，也许维系着我们文明的存亡。

补 论 A

"自然的"和"人为的"

现行的科学和哲学用语受亚里士多德传统影响甚深，因此，现有的二分法和比对词，通常不但不能正确表达为第一章讨论的问题提供了基础的那些过程，实际上它们还妨碍了对这些问题和难点本身的理解。在这一部分，我将对这种划分上的一些困难加以评论，希望多少熟悉了这些理解的障碍之后，会在事实上促进理解。

我们可以从"natural"（自然的）一词入手，它是许多争论和许多误解的起源。"natural"这个词的拉丁语词根和它在希腊语中的同义词"physical"的词根，其原义都是来自描述各种成长现象的动词（分别是 nascor 和 physo；见科菲尔德，1981：111—150），因此，可以合理地把任何自发成长的、不是由某个头脑特意设计的东西一概称为"自然的"。从这个意义上说，我们传统的、自发演化而来的道德规范，完全是自然的而非人为的，因此把这些传统规则称为"自然法则"（natural law）也许没有什么不妥。

但是，惯用法并非随时都会有助于对我刚才提到自然法则的理解。相反，它倾向于把"自然的"一词的所指局限于（如我们在第一章中所见）内在的习性或本能，它们与演化而来的行为规则相冲突。如果只把这些内在反应称为"自然的"，如果

——更糟糕的是——只有那些维持现状所必需的东西，尤其是那些小群体或相互有直接接触的共同体的秩序，才被说成是"好的"，那么对于在服从规则以适应环境变化上迈出的第一步，即走向文明的第一步，我们便只能称之为"非自然的"，甚至是"坏的"。

假如"自然的"只能被用来指内在的或本能的，而"人为的"只能用来指设计的产物，那么文化进化的结果（如传统规则）显然既不是前者也不是后者——因此它不但是"处在本能和理性"之间，而且还处在"自然的"（即"本能的"）和"人为的"（即理性设计的产物）之间。对"自然的"和"人为的"这种非此即彼的两分法，以及与此相关的对"情感"和"理性"的类似划分，使人大大忽略和误解了文化进化中关键性的外展过程（exosomatic process），正是这个过程产生了决定着文明成长的传统。这些二分法实际上是把这个领域以及这些过程打入了乌有之乡。

但是，如果我们超越这些二分法，我们就会看到，真正和情感相对的不是理性，而是传统的道德规范。行为规则传统的进化——它处在本能的进化过程和理性的进化过程之间——是一种独特的过程，把它视为理性的产物是十分错误的。这些传统规则显然是在进化过程中自然地生长起来的。

生长并不是生物有机体独有的属性。从人尽皆知的滚雪球到风暴的蓄积或晶体的形成——或流沙、或山脉的隆起和复杂分子的形成——自然界充满了尺寸或结构增长的事例。只要想一下有机体之间相互关系结构的出现，我们即可发现，用"生长"一词来形容它们，不管从词源学还是从逻辑的角度说，都是完全正确的；这也就是我给予这个词的含义，即它指出现在一个自我维持的结构中的过程。

由此可见，继续把文化进化和自然进化相对立，会陷入前面提到的陷阱——对自觉设计下的"人为"发展和以表现着不变的本能特点为由而被认为是"自然"的现象之间做出的非此即彼的二分法。这种对"自然现象"的解释，易于使人走上建构论理性主义的方向。虽然建构论的解释毫无疑问优于有机论的解释（后者如今已被作为空无一物的废话而普遍遭到拒绝），因为它仅仅是用一个未得到解释的过程来取代另一个这样的过程。但是我们应当认识到，存在着两种截然不同的进化过程——它们都是完全自然的过程。文化进化虽然是一种独特的过程，但是它在许多重要方面仍然更像是遗传和生物进化，而不像受理性或对决定的后果之预先可知性支配的发展。

人类交往秩序和生物有机体秩序之间的相似性，当然是一种常被注意到的现象。不过，只要我们无法解释自然的有序结构是如何形成的，只要我们仍缺少对进化选择的说明，我们有所意识的相似性就不会对我们有多大帮助。由于有了进化选择的认识，我们现在便掌握了普遍理解在生命、智力和人类交往关系中秩序形成的关键。

其中有些秩序，就像智力中的秩序一样，有时也能够形成一些低水平的秩序，但是它们本身却不是更高层次上的秩序的产物。这促使我们认识到，在解释或说明在秩序等级中处在较低水平的秩序时，我们的能力是有限的，正像我们没有能力解释或设计更高层次的秩序一样。

在对涉及这些传统术语的明确用法的一般性问题做了阐述之后，我们可以拿大卫·休谟为例简单地指出，甚至我们的传统中最重要的思想家之一，也一直被这些错误的二分法所造成的误解所迷惑。休谟是个特别好的例子，因为他不幸为我更愿意称为"自然现象"的道德传统选择了"人为的"这个术语［大概是从习惯法作者的"人为原因"（artificial reason）这种说法中借来的］。令人啼笑皆非的是，这居然使他被当成了功利主义的奠基人，尽管他曾强调"虽然公正原则是人为的，它们却不是任意的"，因而"把它们叫做自然法则也没有什么不妥"（1739/1886：II，258）。他竭力维护自己避免受到建构主义的误解，解释说，他"只是假定那些想法是一下子形成的，而事实上它们是在不知不觉中逐渐产生的"（1739/1886：II，274）。（休谟在这里利用了苏格兰道德哲学家称为"推测的历史"这一构想，见斯图尔特，1829：VII，90；梅迪克，1973：134—176。这种构想后来常常被称为"合理的重构"——所采取的方式有可能造成误导，但是比它年轻的同代人亚当·弗格森却学会了系统地加以避免。）如这些语句所示，休谟已很接进于进化论的解释，他甚至意识到了"任何形态，除非它具备必要的生存能力和器官，它是不可能持久存在的：必须不间断地尝试一些新的秩序和经营；直到最终某种能够支持和维护它自身的秩序诞生"；人也不能"自以为是一切动物中的例外，（因为）在所有生物间不息的战争"肯定会继续下去（1779/1886：II，429，436）。有个人说得好，他实际上认识到了"在自然和人为之间还有第三种范畴，它兼有两者的某些特征"（哈康森，1981：24）。

试图揭示这种自组织结构是如何由一个创造性的头脑形成的，以此来解释它的功能，这种诱惑是极大的；因此可以理解的是，休谟的一些追随者也以这种方式解释他的"人为的"一词，在它上面建立了一种功利主义的伦理学，按照这种学说，人是在自觉地根据道德规范的功用来选择它们。对于一个强调"道德原则并不是理性的结果"（1739/1886：II，235）的人来说，把这种观点归到他的名下，看上去未免有些荒唐，但这样的误解发生在爱尔维修这类笛卡尔式的理性主义者身上是很自然的，边沁正是从他那儿明确地演绎出了自己的构想（见埃弗雷特，1931：110）。

虽然我们在休谟以及曼德维尔的著作里，可以看到自发秩序

的形成和选择进化这一对概念的逐渐浮现（见哈耶克，1967/
1978：250，1963/1967：106—112，1967/1978a：249—266），
不过是亚当·斯密和亚当·弗格森首先对这种观点做了系统的运
用。斯密的工作标志着一种进化观的突破，它逐渐取代了静态的
亚里士多德观点。19 世纪一位宣称《国富论》的重要性仅次于
《圣经》的热情分子常常受到讥笑，但是他的夸张或许并不是过
甚其辞。甚至亚里士多德的门徒托马斯·阿奎那，也情不自禁地
说，multae utilitates impedirentur si omnia peccata districte prohibe-
rentur——禁绝一切罪恶，诸多益事亦将受阻（《神学大全》，II，
ii，q. 78i）。

有些作者已经承认斯密是控制论的创立者，而最近对查尔
斯·达尔文笔记的研究则显示出，达尔文在关键的 1838 年读了
亚当·斯密，使他做出了决定性的突破（沃齐默尔，1977；格
鲁伯，1974）。

可见，建立一种进化理论的主要动力，是来自 18 世纪苏格
兰的道德哲学家，这一理论不同的学科变种，即人们现在知道的
控制论、一般系统论、协同论、自动生成论，等等，此外还有对
市场系统优越的自我生成秩序的过程以及语言、道德规范和法律
进化过程的理解（乌尔曼—马伽利特，1978；凯勒，1982）。

然而，甚至在一些经济学家中间，亚当·斯密仍然是个供人
逗乐的笑柄，他们至今没有发现，必须把分析自我生成秩序的过
程，作为任何研究市场秩序的科学的主要任务。另一位伟大的经
济学家，较亚当·斯密晚一百多年的卡尔·门格尔，清楚地认识
到了"这种生成因素（genetic element）和理论知识的认识是不
可分的"（门格尔，1883/1933：II，183 及以下各页；他对"生
成"一词的早期用法，见门格尔，1871/1934：I，250）。主要是
由于在理解通过进化和秩序的自发形成而产生的人类交往方面作
出的这些努力，使这些观点变成了研究复杂现象的主要工具，因

为有关单一因果关系的"机械规律",已不再适合用来解释这种现象了(参见补论 B)。

近年来,这种进化论观点的传播,对研究的发展发生极大的影响,以至 1980 年的德国自然科学家与医务工作者协会大会的一份报告也会说,"对于现代科学而言,事物和现象的世界已经变成了结构和秩序的世界"。

最近这些自然科学中的进展,说明了美国学者西蒙·帕顿是多么正确。他在将近 90 年以前就曾写道:"就像亚当·斯密是最后一个道德学家和第一位经济学家一样,达尔文是最后一个经济学家和第一位生物学家。"(1899,XXIII)其实亚当·斯密的地位远不限于此:他所提供的范式后来变成了许多科学工作分支的一件威力强大的工具。

进化观有其人文学科的来源,最好的事例莫过于生物学从人文学科中借用词汇的情况。"genetic"(遗传的;生成的)这个词,如今大概已经成为生物进化理论中一个基本专业术语,在托马斯·卡莱尔把它引入英语之前,最初显然是以德语形式(genetisch)(舒尔茨,1913:I,242)在赫尔德(1767)、弗里德里希·舍勒(1793)和维兰德(1800)的作品中被使用的。在威廉·琼斯于 1787 年发现了印欧语言的共同祖先以后,它尤其在语言学中得到了采用。到了 1816 年弗兰兹·鲍普对它做出深入的阐述时,文化进化的观念已经变成了常识。我们发现在 1836 年洪堡再次使用这个词(1977:III,389,418),他在同一本著作中还认为,"如果人们把语言形态理解为最自然的、连续性的现象,那么他必然会像对待自然界的一切起源一样,把它归因于一个进化系统"(我得感谢杜塞尔多夫的凯勒教授提供了这句话)。洪堡也是一位个人自由的伟大支持者,这是出于偶然吗?在查尔斯·达尔文的著作发表后,我们发现许多法学家和语言学家(他们知道在古罗马就有他们的血亲;见斯泰因,1966:第三章）抗议说，他们是"达尔文之前的达尔文主义者"（哈耶克，1973：153）。直到威廉·贝特森的《遗传学问题》（1913）发表之后，"遗传学"才迅速成为生物进化论的特殊名称。这里我们会服从贝特森为它确定的现代用法，即经由"基因"（genes）的生物遗传，以此把它和经由学习的文化遗传区别开来。但是这并不意味着这种区别总是可以得到明确的贯彻。这两种遗传形式经常是相互作用的，尤其是通过决定着什么可以、什么不可以由学习（即通过文化）传递而得到遗传（genetic inheritance）。

补　论　B

人类交往问题的复杂性

虽然自然科学家有时好像不愿意承认人类交往问题有着更大的复杂性，但是这个事实本身早在一百多年前就被不止一个人看到了。詹姆斯·克拉克·麦克斯韦在 1877 写道，"自然科学"这个词经常"以多少受到限制的方式，用来指这样一些科学分支，它们所研究的现象属于最简单最抽象的一类，而那些更为复杂的现象，譬如在生物中观察到的现象，则受到了排斥"。最近一位诺贝尔物理学奖得主刘易斯·阿耳瓦雷茨强调说，"其实物理学是一切科学中最简单的科学……但是在远为复杂系统中，譬如像印度这样一个发展中国家的人口，还没有哪个人能够确定改变现状的最好方式"（1968）。

随着我们进入这些复杂的现象，简单的因果解释中的机械方法和模式会变得越来越不适用。具体地说，决定着许多高度复杂的人类交往结构的关键现象，即经济价值或价格，就不能用简单的因果理论或"普遍性"理论加以解释，而是要根据大量独立因素的共同作用来解释，而这些因素的数量之大，使我们根本别想哪个人能够加以观察或操纵。

只有 19 世纪 70 年代的"边际革命"提出一种对市场过程令人满意的解释，亚当·斯密在很久以前，就用他的"看不见的手"这个比喻对它做过说明。尽管仍然有着比喻性的、不尽完美的特点，它却是对这种自发生成秩序的过程做出的第一个科学解释。相反，穆勒父子除了根据过去发生的少数事件进行因果判断外，再没有别的方式理解市场价值的决定因素，这种无能的表现，就像许多现代"自然科学家"的情况一样，妨碍了他们对自我调控的市场过程的理解。对边际效用理论的基本真理的了解，又因为詹姆斯·穆勒对李嘉图的主导性影响以及卡尔·马克思本人的著作而被进一步拖延。在这些领域寻找单一因果解释的尝试（由于阿尔弗雷德·马歇尔及其学派的决定性影响，在英国甚至拖得更久），一直持续至今。

在这件事上，大概约翰·穆勒发挥了最重要的作用。他很早就使自己处在社会主义的影响之下，并且因为这种偏见而在"进步"知识分子中有了巨大的号召力，树立起了自由主义领袖和"理性主义圣人"的声望。被他引向社会主义的知识分子数量之多，大概任何哪个人都无法相比：费边社最初基本上就是由他的一群追随者组成的。

穆勒持有一种教条主义信念："在价值规律中，再也没有任何事情有待现在或将来的作者加以澄清"（1848/1965，《全集》：III，456），这就堵死了他理解价格指导作用的道路。这种信念使他相信"对价值的思考只能涉及（财富的分配）"，而不是它的生产（同上，455）。穆勒假定，只有由过去少数可观察事件引起的有着机械的因果关系的过程，才能算是符合自然科学标准的合理解释，这使他对价格的功能视而不见。由于穆勒的假定长时间发挥着影响，使 20 年以后当"边际革命"到来时，产生了一种爆炸性效果。

不过这里应当提到，在穆勒的教科书出版六年之后，H. 戈森，一位几乎被完全忽视了的思想家，已经预见到边际效用学说的出现，他认识到了大规模生产对价格引导的依赖，并且强调，"只有建立起私有财产制度，才能找到在既定条件下决定每种商品最优产量的标准。

　　……尽最大的可能保护私有财产，肯定是人类社会延续最为重要的必要条件"（1854/1983：254—255）。

　　虽然穆勒的著作造成了严重的伤害，我们大概还是应当原谅他，因为他是如此迷恋一位后来成为他妻子的女士——在他看来，因为她的死，"这个国家失去了它最伟大的心灵"，她——用他的话说——"怀着高尚的公共目标，始终如一地把完美的分配公正作为最终目标，那意味着一种在精神和实践上完全共产主义的社会状态"（1965，《全集》：XV，601；另见哈耶克，1951）。

　　不管穆勒的影响可能是什么，马克思主义的经济学在今天仍然想从单一的因果角度，把高度复杂的交往秩序解释成机械现象，而不是一种使我们有可能对高度复杂现象做出解释的自我调控过程的原型。不过应当提一下，正如约齐姆·雷格（在他为庞—巴威克讨论马克思剥削理论的文章的西班牙文译本所写的导言里，1976）指出的那样，马克思在学过杰文斯和门格尔的著作之后，似乎完全放弃了对资本的进一步研究。果真如此的话，他的追随者显然不如他本人聪明。

补 论 C

时间和结构的涌现与复制

有些结构能够形成和增大，是因为另一些已经存在的类似结构能把它们的属性传递给别的结构（受制于偶然的变异）；因此抽象的秩序能够经历一个进化过程，在这个过程中，它们从一种物质体现形式转化为另一种物质体现形式，这些物质体现形式的产生仅仅是因为那种模式已经存在——这个事实为我们的世界提供了一个新的维度：时间之箭（布鲁姆，1951）。在时间进程中，出现了过去未曾存在的特征：自我恒久化的演化结构，虽然它在任何一个时刻只有具体的物质表现，却变成了以不同的表现形式持续存在于时间中的明显可辨的实体。

通过复制方式形成结构的可能性，赋予了那些有能力做得更好的因素以扩张的机会。那些因素会因为其能够形成更为复杂的结构的扩张力而得到选择，它们数量的增加会导致更多这种结构的形成。这样一个模式，它一旦出现，就和任何物质客体一样，成为世界秩序中一个鲜明的成分。在交往结构中，群体的行为模式是由一代人中的个体传给下一代个体的行为方式来决定的；这些秩序保留它们的一般特征，只能通过不断的变化（适应）。

补　论　D

异化、逃避现实者和寄生虫的要求

在这一节，我想记下对以上题目列出的那些事情的一点思考。

1. 如我们所知，在个人感情和扩展秩序下对他的期待之间的冲突，实际是不可避免的：本能的反应倾向于冲破维持着文明的、通过学习得到的规则之网。但是，对于文明人过去完全视为野蛮行为而放弃了的反应方式，只有卢梭对其做出了一种文学的和智力上的肯定。在他的著作中，把自然的（应读作"本能的"）视为好的或可取的，表达着一种对简单、原始、甚至是野蛮状态的怀乡病，其根据则来自一种信念，认为人们应当满足他或她自己的欲望，而不服从据说是人出于私利而发明并强加于人的枷锁。

因为我们的传统道德未能带来更多的愉快而产生的失望情绪，以一种较为温和的形式表现在对美好的小事物的怀恋上，或表现在对"无乐趣的经济"（舒马赫，1973；西托夫斯基，1976，以及许多有关"异化"的文献）的抱怨上。

2. 仅仅是生存，并不能赋予任何人任何相对于他人的权利或道义要求。人或群体可以为具体的个人承担责任；但是作为协助人类成长壮大的共同规则体系的一部分，并非所有现存的生命都有生存的道德权利。在我们看来非常残忍的做法，如爱斯基摩人在季节性迁徙时扔下年老体弱者等死，这可能是他们养育子孙活到下个季节所必要的。是否有道德上的义务利用现代医学尽可能延长患有不治之症的痛苦病人的生命，至少是个悬而未决的问题。甚至在我们问能够向谁正确地提出这种道德要求之前，这些问题就已经出现了。

权利是从关系体系中产生的，而权利人是通过协助维护这些体系，才成为其中的一员。假如他不再这样做，或从来没有这样做（或没人为了他而这样做），便不存在使这些权利得以成立的基础。个人之间的关系能够存在，仅仅是他们有此愿望的结果，然而仅有一个权利人的愿望，很难为别人造成义务。只有在长期实践中产生的期待，才能为共同体中的成员造成义务，这就是为什么在造成期待上要谨慎行事的原因，不然的话人们会引起一些自己无法履行的义务。

3. 社会主义教给许多人说，不管有没有劳绩，有没有参与，他们都拥有一些权利。根据产生出扩展秩序的道德规范，社会主义者实际上是在教唆人们破坏法律。

那些声称自己已经从他们显然不了解其大部分内容的事情中被"异化了"的人，那些宁愿过寄生虫式的厌世者生活的人，坐享着他们拒绝为其出力的过程的产品，他们才是卢梭的真正追随者，他呼吁人们回到大自然去，把能够形成人类合作秩序的各种制度说成是主要的罪恶。

我不想质疑任何个人自愿脱离文明的权利。但是这些人享有什么"资格"呢？我们还得给他们的厌世行为发津贴不成？脱离了文明赖以存在的规则，便无任何资格可言。我们或许有能力扶助残弱，养老抚幼，但只有在健康的成年人服从非人格的规则时，我们才会有这样做的手段。

认为这些糊涂看法来自一些年轻人，这是十分错误的。他们反映着别人教给他们的东西，反映着他们父母的意见——教育机构中的心理学和社会学各科系及其制造出来的知识分子的意见——卢梭和马克思、弗洛伊德和凯恩斯思想的苍白无力的复制品，被一些想入非非的头脑四处传播。

补 论 E

游戏——规则的学校

导致了自发秩序形成的行为方式，和可以在游戏中看到的规则有许多共同之处。探寻游戏竞争的起源未免离题太远，不过从历史学家约翰·惠金加对游戏在文化进化中的作用所做的令人信服而透彻的分析中，我们能够学到不少东西。他的著作（1949：尤见 5，11，24，47，51，59 和 100 各页，另见奈特，1923/1936：46，50，60—66；哈耶克，1976：71 和注 10）尚未得到研究人类秩序者的充分评价。

惠金加写道："文明生活巨大的本能力量起源于神话和礼仪：法律和秩序，商业和利润，技能和工艺，诗歌、智慧和科学。它们全都植根于游戏的原始土壤里"（1949：5）；游戏"创造了规则，（游戏）就是规则"（1950：10）……"它在自己恰当的时间和空间边界内，遵照固定的规则并以有序的方式进行"（1949：15，51）。

博弈当然是这样一种过程的明显事例，在这种过程里，追求不同甚至相互冲突的目标的成员服从共同的规则，由此产生了全面的秩序。此外，现代博弈理论也证明，有些博弈导致一方的收益最终会被另一方收益所抵消，有些博弈则会产生净收益。交往的扩展结构的成长之所以可能，是因为个人参与了后一种博弈，一种导致生产力全面增长的博弈。

补 论 F

对经济学和人口学的评论

自经济学诞生之日起，就在研究第八章所讨论的问题。可以说，科学的经济学是始于 1681 年，此年威廉·配第（他是牛顿的同事，年龄比他稍大，也是皇家学会的创始人之一）对伦敦城迅速发展的原因着了迷。让大家感到惊奇的是，他发现它已发展得比巴黎和罗马加在一起还大，在一篇题为《人类的成长、增加和成倍增长》的论文里，他解释了为何更大的人口密度会引起更广泛的劳动分工：

每一种制品都会被分成尽可能多的部件。在制造手表时，假如这人造齿轮，那人造发条，另一个人镂刻表盘，这个表就会比全部这些工作由一人来做更好更便宜。

我们还发现，在城镇以及大城市的街道，所有的居民几乎在做着同样的生意，那些地方特有的商品便会比其他地方更好更便宜。此外，如果某地制造着一切类型的制品，那么从这里驶出的船只就会一下子用许多各类物品装满它的船舱，所装载物品足以同它为了得到这些商品而必须前往的港口相比。

配第还认识到，"人少才是真正的贫困；有八百万人口的国家会比领土相当而人口只有四百万的国家富一倍；就承担着重大责任的统治者而言，他为更多的人服务，会像为较少的服务一样出色"（1681/1899：I，454—55，1927：I，43）。这些一般性的观点显然是经由曼德维尔（1715/1924：I，356）传给了亚当·斯密，如第八章中所说，他注意到了劳动分工受着市场规模的限制，人口增长是国家繁荣的关键。

虽然经济学家从早先的时代就十分关注这些问题，近来的人类学家却没有对道德进化（这当然是几乎永远难以"观察的"的事情）给予足够的注意；不但社会达尔文主义的幼稚表现，还有社会主义的偏见，都在使人们没有信心追求进化论的解释。不过我们发现一位杰出的社会主义人类学家，在研究"城市革命"时，把"革命"定义为"共同体的经济结构和社会组织中进步性变革的积累，它是由受到影响的人口之显著增长引起的，或是伴随这种增长"（柴尔德，1950：3）。在赫斯科维茨的作品中也可以找到重要的见解，他说：

一方面是人口规模与环境和技术的关系，另一方面是它同人均产量的关系，为研究这种给既定人口带来经济剩余的结合提出了最大挑战……

大体上说，最小的社会生存压力也最大。相反，在出现了专业化——这是提供的商品超过维持所有人生活所需数量的基本条件——的较大的群体中，享受社会闲暇才成为可能（1960：398）。

经常被生物学家（如卡尔—桑德斯，1922；温—爱德华兹，1962；索普，1976）说成是限制人口的主要机制，同样可以被视为增加人口的机制。甚至更好的情况是，由于它利用了可能由一时的人口过量造成的任何危害所带来的一切好处，即维持更多人口的新机会，因而也是调整人口数量使其与领土承受力做到长期均衡的机制。自然在一个方面和另一个方面有着同样的创造力，人的大脑可能是一个最为成功的结构，它使一个物种在能力和规模上超过了其他一切物种。

补　论　G

迷信和传统的维持

在本书就要为出版商准备妥当之际，D. A. 里斯博士对我的一次演讲所做的友善评论，使我注意到詹姆斯·弗雷泽先生一篇出色的小作品（1909）：《心灵的任务》，它的副标题就和上面的标题一样。弗雷泽解释说，他在文中想"把善的种子从恶的种子中筛选出来"。它谈到了我的中心问题，其方式在许多方面和我相似，然而由于它是出自一位杰出的人类学家之手，因而能够提供——特别是在财产和家庭的早期发展方面——大量经验证据，我不禁想把它的全部 84 页作为本书一份极富启发性的附录在这里重印。在他那些与本书有关的结论中，他解释了迷信如何通过强化对婚姻的尊重，起到了让已婚者和未婚者都更严格地服从性道德规则的作用。在论财产的一章里（17）弗雷泽指出，"使一种事情成为禁忌的效果，是赋予了它一种超自然的或神秘的力量，从而使它变得除了所有者之外任何人都不可接近。可见禁忌变成了一种加强私有财产关系——大概我们的社会主义朋友会说成是打造这种锁链——的强大手段"。然后他又提到了（19）很久以前的一位作者，此人指出在新西兰"禁忌形式是财产最大的保护者"，以及更早的一份有关马昆德群岛的报告（20），那儿"禁忌的第一任务无疑就是为全社会建立起财产的基础"。

弗雷泽还断定（82），"迷信对人类帮助甚大。它为众人提供了行为端正的动机，即使这种动机本身是错误的；人们出于错误的动机做正确的事，与愿望极好却做了错事相比，当然对这个世界更为有利。关系到社会的是行为，不是看法：只要我们行为端正，我们的看法是否错误并不会对别人有丝毫影响"。

文 献 目 录

(按作者译名拼音音序排列)

译按：文献目录原是按作者的字母顺序排列。为读者检索方便，现据作者汉语译名的拼音顺序重新做了编排，并将题目译成中文，作者相同的，第一条以下用"…"代替作者姓名。另外，哈耶克本人不但是位思想家，也是个出名的版本收藏家，这个爱好也给这份目录留下明显的痕迹，其中一些版本遑论中国人难寻，就是英美读者怕也不好找到，如英国 17 世纪诗人巴特利著名的讽刺诗《休迪布拉斯》，他开列的就是 1663 年一家教堂印刷厂的版本，更极端者如孟德斯鸠《论法的精神》这本常用书，竟是 1748 年日内瓦出版的法文本。好在这种现象还没有严重到影响它的导读价值，倒是可以让我们顺便领略一下他的珍本家当，亦不失为一件快事。

阿尔齐安（1950）："不确定性、进化和经济理论。"（Alchian, Armen, "Uncertainty, Evolution and Economic Theory", *Journal of Political Economy* 58, reprinted in revised form in Alchian, 1977.）

… （1977）：《经济因素的作用》（*Economic Forces at Work*, Indianapolis：Liberty Press.）

阿耳瓦雷茨（1968）：《致学生们》（Alvarez, Louis W., "Address to Students", in *Les Prix Nobel*.）

阿兰德（1967）：《进化与人类行为》（Alland, A. Jr, *Evolution and Human Behavior*, New York: Natural History Pr.. ）

埃德蒙斯（1959）：《雅典喜剧的片断》（Edmonds, J. M., *The Fragments of Attic Comedy*, vol. II. Leiden: E. J. Brill; in three vols 1957—61. ）

埃弗里特（1931）：《边沁所受的教育》（Everett, C. W., *The Education of Jeremy Bentham*, New York: Columbia Univ. Pr.. ）

埃文斯—普里查德（1965）：《原始宗教理论》（Evans – Pritchard, E. , *Theories of Primitive Religion*, Oxford: Clarendon Pr.. ）

艾德尔曼（1987）：《神经系统的达尔文主义：神经组选择理论》（Edelman, Gerald M, *Neural Darwinism: The Theory of Neuronal Group Selection*, New York: Basic Books. ）

爱默特（1958）：《功能、目标和权力：个人和社会研究中的若干概念》（Emmet, Dorothy M. , *Function, Purpose and Powers: Some Concepts in the Study of Individuals and Societies*, London: Macmillan. ）

爱因斯坦（1949/56）："为什么社会主义？"（Einstein, A. , "Why Socialism?" in *Out of My Later Years*, New York: Philosophical Library; see also Monthy Review, May 1949. ）

奥布赖恩（1986）："尼加拉瓜的上帝和人"（O'Brien, C. C. , "God and Man in Nicaragua", *Atlantic* 258, August 1986. ）

奥维尔（1937）：《通向维甘码头之路》（Orwell, George, *The Road to Wigan Pier*, London: V. Gollancz. ）

巴贝奇（1932）：《论机械和制造业经济》（Babbage, Charles, *On the Economy of Machinery and Manufacture*, Lonon: C. Knight. ）

巴克（1948）：《市民传统》（Barker, Ernest, *Traditions of*

Civility, Cambridge: Cambridge Univ. Pr. .)

巴里（1961）："公正与共同利益"（Barry, Brian M. "Justice and the Common Good", *Analysis* 19. ）

巴特勒（1663—1678）:《休迪布拉斯》（Butler, Samuel, *Hudibras*. Part I, London: J. C. For Richard Marriot under Saint Dunstan's Church in Fleet Street, 1663; Part II, London: T. R. for John Martyn and James Allestry at the Bell in St. Paul's Church Yard, 1664; Part III, London: Simon Miller at the Sign of the Star at the West End of St. Paul's, 1678. ）

巴特利（1962/84）:《回到义务上去》（Bartley, W. W. III, *The Retreat to Commitment*, New York: Alfred A. Knopf, Inc. , 1962; 2nd, revised and enlarged ed. , La Salle: Open Court, 1984. ）

… （1964）："理性和理性理论"（"Rationality versus the Theory of Rationality", in Mario Bunge, ed. : *The Critical Approach to Science and Philosophy*, New York: The Free Pr. . ）

… （1978）："意识和物理学：量子力学、或然率、测不准以及灵与肉问题（"Consciousness and Physics: Quantum Mechanics, Problbility, Indeterminism, the Body—Mind Problem", in *Philosophia*, 1978, pp. 675—716. ）

… （1982）："理性、批判与逻辑"（"Rationality, Criticism and Logic", in *Philosophia*, 1982, pp. 121—221. ）

… （1985/87）："知识不是其生产者完全了解的产物"（"Knowledge Is Not a Product Fully Known to Its Producer", in Kurt R. Leube and Albert Zlabinger, eds. , *The Political Economy of Freedom*, Munich: Philosophia Verlag, 1985; in revised and expanded form as "Alienated Aliented: The Economics of Knowledge versus the Psychology and Sociology of Knowledge", in Radnitzky and Bartley,

1987.)

巴特森（1913）:《遗传学问题》（Bateson, William, *Problem of Genetics*, New Haven: Yale University Pr. . ）

邦纳:（1980）:《动物的文化进化》（Bonner, John Tyler, *The Evolution of Culture in Animals*, Princeton: Princeton Univ. Pr. . ）

鲍尔（1957）:《低度开发国家的经济和政策》（Bauer, Peter, *Economic Analysis and Policy in Underdeveloped Countries*, London: Cambridge Univ. Pr. . ）

… （1971）:"作为一种理论的经济史（"Economic History as a Theory", *Economica* N. S. 38, pp. 163—179. ）

… （1972）:《关于发展的异见》（*Dissent on Development*, Cambridge, Mass. : Harvard University Pr. . ）

… （1981）:《平等、第三世界和经济谬见》（*Equality, The Third World and Economic Delusions*, Cambridge, Mass. : Harvard Univ. Pr. . ）

鲍尔和亚梅（1957）:《不发达国家经济学》（Bauer, Peter and Basil S. Yamey, *The Economics of Undeveloped Countries*, Chicago Univ. Pr. . ）

鲍姆加特（1952）:《边沁与今天的伦理学》（Baumgardt, D. , *Bentham and the Ethics of Today*, New York: Basic Books, Inc. . ）

葆朴（1927）:《印欧语系语言学史》（Bopp, F. , *Geschichte der indogermanischen Sprachwissenschaft*, Berlin: Grundriss der indogermanischen Sprach – und Altertumskunde. ）

贝利（1840）:《捍卫合股银行与农业问题》（Bailey, S. , *A Defence of Joint – Stock Banks and Country Issues*, London: James Ridgeway. ）

贝什勒（1975）：《资本主义的起源》（Baechler，Jean，*The Origin of Capitalism*，Oxford：Blackwell.）

边沁（1789/1887）：《著作集》（Bentham，Jeremy，*Works*，ed. John Bowring，Edinburgh：W. Tait.）

柏克（1816）："致一位国会议员的信。"（Burke，E. P. "Letter to a Member of the National Assembly"，in *Works*，London：F. C. & J. Rivington.）

玻恩（1968）：《我的生活与我的观点》（Born，Max，*My Life and My Views*，New York：C. Scribner.）

波普尔（1934/59）：《科学发现的逻辑》（Popper，Karl，*The Logic of Scientific Discovery*，London：Hutchinson，1959.）

…（1945/66）：《开放社会及其敌人》（*The Open Society and Its Enemies*，London：Routledge & Kegan Paul，sixth ed.，1966.）

…（1948/63）："走向理性的传统理论"（"Towards a Rational Theory of Tradition"，lecture give in 1948，published in *The Rationalist Annual*，1949；reprinted in Popper，1963.）

…（1957）：《历史主义的贫困》（*The Poverty of Historicism*，London：Routledge & Kegan Paul.）

…（1963）：《猜测与反驳》（*Confectures and Refutations*，London：Routledge & Kegan Paul.）

…（1972）：《客观知识》（*Objective Knowledge：An Evolution Approach*，London：Oxford Univ. Pr..）

…（1974/76）：《自传》（"Autobiography"，in P. A. Schilpp，ed.：*The Philosophy of Karl Popper*，La Salle：Open Court，1974，pp. 3—181，republished，revised，as *Unended Quest*，London：Fontana/Collins，1976.）

…（1977/84）：《自我及其大脑》（Popper，Karl and J. C. Eccles，*The Self and Its Brain*，London：Routledge & Kegan Paul，

1984.)

… （1982a）:《开放的宇宙：论测不准》（ *The Open Universe: An Argument for Indeterminism* , vol. II of the *Postscript to the Logic of Scientific Discovery* , ed. W. W. Bartley, III, London: Hutchinson.)

… （1982b）:《量子学说和物理学的分裂》（ *Quantum Theory and the Schism in Physics* , vol. III of the *Postscript to the Logic of Scientific Discovery* , ed. W. W. Bartley, III, London: Hutchinson.)

… （1983）:《实在论和科学的目的》（ *Realism and the Aim of Science* , vol. I of the Postscript to the Logic ofScientific Discovery, ed. W. W. Bartley, III, London: Hutchinson.)

博兰尼 （1945）:《我们这个时代的起源：伟大的转变》 （ Polanyi, Karl, *Origin of Our Time: The Great Transformation* , London: V. Gollancz, Ltd. .)

… （1977）:《人的生计》（ *The Livelihood of Man* , ed. H. W. Pearson, New York: Academic Pr. .)

博塞鲁普:《农业增长的条件》（1965）: （ Boserup, Esther, *The Conditions of Agricultural Growth* , London: George Allen and Unwin.)

… （1981）:《人口和技术变革：长期趋势研究》（ *Population and Technological Change. A Study of Long Term Trends* , Chicago: Univ. of Chicago Pr. .)

布鲁姆 （1951）:《时间之箭与进化》（ Blum, H. F. , *Time's Arrow and Evolution* , Princeton: Princeton Univ. Pr. .)

布罗代尔 （1981）:《15 到 18 世纪的文明和资本主义》 （ Braudel, Fernand, *Civilization and Capitalism: 15th—18th Century* , vol. I, *The Structure of Everyday Life: The Limits of the Possible* , New York: Harper & Row.)

…（1982a）:《15 到 18 世纪的文明和资本主义》*Civilization and Capitalism*: 15*th*—18*th Century*, vol. II, *The Wheels of Commerce*, New York: Harper & Row.）

…（1982b）:见《世界报》, 3 月 16 日（in *Le Monde*, March 16.）

…（1984）:《15 到 18 世纪的文明和资本主义》（*Civilization and Capitalism*: 15*th*—18*th Century*, vol. III, *The Perspective of the World*, New York: Harper & Row.）

布洛赫（1954—59）:《希望原理》（Bloch, Ernst, *Das Prinzip Hoffnung*, Berlin: Aufbau Verlag; English translation, *The Principle of Hope*, Cambridge, Mass.: MIT Press, 1986.）

布洛克等编（1977）:《哈泼现代思想词典》（Bullock, Allan and Oliver Stallybrass, eds., *Harper Dictionary of Modern Thought*, New York: Harper & Row. Published in Briain as *The Fantana Dictionary of Modern Thought*.）

查哥农等编（1979）:《进化论的生物学和人的社会行为》（Chagnon, Napoleon A. and William Irons, eds., *Evolutionary Biology and Human Social Behaviour*, North Scituate, Mass., Duxbruy Pr..）

查普曼（1964）:"公正和公平"（Chapman, J. W., "Justice and Fairness", *Nomos* 6, Justice, New York: New York Univ. Pr..）

柴尔德（1936）:《人创造自己》（Childe, V. Gordon, *Man Makes Himself*, New York: Oxford University Pr..）

…（1936/81）:《人创造自己》（*Man Makes Himself*, Introduction by Sally Green, Bradford-on-Avon, Wiltshire: Moonraker, 1981.）

…（1950）:"城市革命"（"The Urban Revolution", *The*

Town Planning Report.)

戴兰（1934）:《公元前 15 世纪的国家社会主义》（Dairaines, Serge, *Un socialisme d'Etat quinze Siecles avant Jesus-Christ*, Paris: Libraire Orientaliste P. Geuthner.)

德曼特（1978）:《历史象征》（Demandt, Alexander, *Metaphern fur Geschichte*, Munich: Beck.)

德日进（1959）:《人的现象》（Teilhard de Chardin, P. , *The Phenomenon of Man*, New York: Harper.)

杜拉姆（1979）:"走向人类生物和文化共同进化的理论"（Durham, William, "Toward a Co-evolutionary Theory of Human Biology and Culture", in N. Chagnon and W. Irons, eds. , 1979.)

法布（1968）:《人类进入文明》（Farb, Peter, *Man's Rise to Civilization*, New York: Dutton.)

…（1978）:《人类》（*Humankind*, Boston: Houghton Mifflin.)

费里（1895）:《国际社会学研究所年鉴》（Ferri, Enrico, *Annales de l'Institut Internationale de Sociologie* I.)

芬利（1973）:《古代经济》（Finley, Moses I. , *An Ancient Economy*, London: Chatto and Windus, Ltd. .)

弗格森（1767/1773）:《文明社会史》（Ferguson, Adam, *An Essay on the History of Civil Society*, third ed. , London: A. Millar and T. Caddel.)

…（1792）:《道德和政治科学原理》（*Principle of Moral and Political Science*, vol. II, Edinburgh: A. Strahan and T. Caddel.)

弗拉泽（1909）:《心灵的任务》（Frazer, J. G. , *Psych's Task*, London: Macmillan.)

弗莱（1967）:《进化论的伦理学》（Flew, A. G. N. , *Evolutionary Ethics*, London: Macmillan.)

弗洛伊德（1930）:《文明及其不满》（Freud, Sigmund,

Civilization and Its Discontents, London: Hogarth Pr. .)

格鲁伯（1974）:《达尔文论人：结合达尔文早期未发表的笔记对科学创造性的心理学研究》（Gruber, Howard E. , *Darwin on Man: A Psychological Study of Scientific Creativity, together with Darwin's Early and Unpublished Notebooks*, transcribed and annotated by Paul H. Barrett, New York: E. P. Dutton & Co. , Inc. .)

戈森（1854/1889/1927/1983）:《人类关系规律以及由此产生的人类行为规则》（Gossen, H. H. , *Entwicklung der Gesetze des menschlichen Verkehrs und der darausfliessenden Regelm fur menschliches Handeln*, Braunschweig: Vieweg, 1854; Berlin: R. L. Prager, 1889; third ed. , with introduction by F. A. Hayek, Berlin: R. L. Prager, 1927; English translation: *The Laws of Human Relations and the Rules of Human Action Derived Therefrom*, Cambridge: MIT Pr. , 1983.)

哈代（1965）:《生命之流：进化与人》（Hardy, Alister, *The Living Stream: Evolution and Man*, New York: Harper & Row.)

哈丁（1961）:《自然与人的命运》（Hardin, Garrett J. , *Nature and Man's Fate*, New York: The New American Library.)

… （1980）:《普罗米修斯的伦理学：与死亡、竞争和尝试生活在一起》（*Promethean Ethics: Living with Death, Competition and Triage*, St. Louis: Washington Univ. Pr.)

哈康森（1981）:《立法者的科学：大卫·休谟和亚当·斯密的自然法学》（Haakonssen, Knud, *The Science of a Legislator: the Natural Juriprudence of David Hume and Adam Smith*, Cambridge: Cambridge Univ. Pr.)

哈耶克（1935）:《集体主义的经济计划》（Hayek, F. A. , ed. , *Collectivist Economic Planning: Critical Studies on the Possibili-*

ties of Socialism, London: George Routledge & Sons.)

… (1936/48): "经济学与知识"("Economics and Knowledge", reprinted in Hayek, 1948.)

… (1941):《纯粹资本理论》(*The Pure Theory of Capital*, London: Routledge & Kegan Paul.)

… (1945/48): "知识在社会中的利用"("The Use of Knowledge in Society", reprinted in Hayek, 1948.)

… (1948):《个人主义和经济秩序》(*Individualism and Economic Order*, London: Routledge & Kegan Paul.)

… (1949/67): "知识分子和社会主义"("The Intellectuals and Socialism", Univ. of Chicago, *Law Review* 16, Spring 1949; reprinted in Hayek, 1967.)

… (1951):《约翰·穆勒和泰勒: 他们的友谊和婚姻》(*John Stuart Mill and Harriet Taylor: Their Friendship and Subsequent Marriage*, London: Routledge & Kegan Paul.)

… (1952):《感觉的秩序》(*The Sensory Order*, Chicago: Univ. of Chicago Press.)

… (1952/79):《科学的反革命: 对滥用理性的研究》(*The Counter-Revolution of Science: Studies on the Abuse of Reason*, Indianapolis: Liberty Pr., 1979.)

… (1954/67): "历史和政治"("History and Politics", in F. A. Hayek, ed., *Capitalism and the Historians*, London: Routledge & Kegan Paul, 1954, reprinted in Hayek, 1967.)

… (1960):《自由宪章》(*The Constitution of Liberty*, London: Routledge & Kegan Paul.)

… (1963/67): "大卫·休谟和法律和政治哲学"("The Legal and Political Philosophy of David Hume", *Il Politico*, XXVIII/4, reprinted in Hayek, 1967.)

⋯（1964）：“复杂现象论”（“The Theory of Complex Phenomena”, in Mario A. Bunge, ed. , *The Critical Approach to Science and Philosophy: Essays in Honor of Karl R. Popper*, New York: Free Pr. , 1964, reprinted in Hayek, 1967. ）

⋯（1967）：《哲学、政治学和经济学研究文集》（*Studies in Philosophy, Politics and Economics*, London: Routledge & Kegan Paul. ）

⋯（1967/78a）：“曼德维尔大夫”（“Dr. Bernard Mandeville”, in *Proceedings of the British Academy* 52, reprinted in Hayek, 1978. ）

⋯（1967/78b）：“政治思想中的语言混乱”（“The Confusion of Language in Political Thought”, address delivered in German to the Walter Eucken Institute in Freiburg im Breisgau and published in 1968 as an Occasional Paper by the Institute of Economic Affairs, London; reprinted in Hayek, 1978. ）

⋯（1970/78）：“建构主义的误区及对社会现象合理批判之基础”（“Die Irrtumer des Konstruktuvismus und die Grundlagen legitimer Kritik Gesellschaftlicher Gebilde”, Munich and Salzburg: Fink Verlag, 1970; published in English translation in Hayek, 1978. ）

⋯（1972/78）：《劲敌》（*A Tiger by the Tail*, London: Institute of Economic Affairs. ）

⋯（1973）：《法律、立法和自由》第 1 卷：《规则与秩序》（*Law, Legislation and Liberty*, vol. I, *Rules and Order*, London: Routledge & Kegan Paul. ）

⋯（1976）：《法律、立法和自由》第 2 卷：《社会公正的海市蜃楼》（*Law, Legislation and Liberty*, vol. II, *The Mirage of Social Justice*, London: Routledge & Kegan Paul. ）

⋯（1976/78）：“货币的非国有化”（“Denationalisation of Money”, London: The Institute of Economic Affairs, second ed. , revised and expanded, 1978.)

… (1978):《哲学、政治学、经济学和思想史新研究文集》
(*New Studies in Philosophy, Politics, Economics and the History of I-deas*, London: Routledge & Kegan Paul.)

… (1979):《法律、立法和自由》第 3 卷:《自由民族的政
治秩序》(*Law, Legislation and Liberty*, vol. III, *The Political Or-der of a Free People*, London: Routledge & Kegan Paul.)

… (1983):"鬼鬼祟祟的'社会的'一词"("The Weasel
Word 'Social'", *Salisbury Review*, Autumn 1983.)

… (1986):"货币的市场标准"("Market Standards for
Money", *Economic Affairs*, April/May, pp. 8—10.)

海尔布龙纳 (1986):《在资本主义和社会主义之间:政治
经济学论文集》(Heilbroner, Robert, *Between Capitalism and So-cialism: Essays in Political Economics*, New York: Random
House.)

赫尔德 (1784/1821):《关于人类史哲学的思考》(Herder,
J. G. , *Ideen zur Philosophie der Geschichte der Menschheit*, Leipzig:
J. F. Hartknoch, second ed. , 1821.)

赫斯科维茨 (1948):《人及其作品》(Herskovits, M. J. ,
Man and His Works, New York: Alfred A. Knopf, Inc. .)

… (1960):《经济人类学:比较经济学研究》(*Economic
Anthroplogy, A Study in Comparative Economics*, New York: Alfred
A. Knopf, Inc. .)

赫胥黎等 (1947):《伦理学的试金石》(Huxley, Julian
S. and Thomas Henry Huxley, *Touchstone for Ethics*, 1893—1943,
New York: Harper.)

洪堡 (1836/1903):《论人类语言的差别及其对人类精神发
展的影响》(Humboldt, Wilhelm von, *Uber die Verschiedenheit des*

menschlichen Sprachbaues und ihren Einfluss auf die geistige Entwicklung des Menschengeschlechtes, Berlin: Druckerei der Koniglichen Akademie der Wissenschaften, reprinted in Gesammelte Schriften, VII/1, Berlin: B. Behr, 1903—36.)

… (1903—36):《全集》(*Gesammelte Schriften*, Berlin: B. Behr; also Darmstadt, 1977, eds. A. Flitner and K. Giel. .)

惠金加 (1949):《Homo Ludens—对文化中游戏因素的研究》(Huizinga, Johan, *Homo Ludens. A Study of the Play Element in Culture*, London: Routledge & Kegan Paul.)

霍布豪斯 (1911):《自由主义》(Hobhouse, L. T. , *Liberalism*, New York: Henry Holt & Co. .)

… (1922):《社会公正的要素》(*The Elements of Social Justice*, New York: Henry Holt & Co. .)

(1924):英国法律史 (Holdsworth, W. S. , *A History of English Law*, London: Methuen.)

霍华德 (1982):《达尔文》(Howard, J. H. , *Darwin*, Oxford: Oxford Univ. Pr. .)

吉塞林 (1969):《达尔文主义方法的凯旋》(Ghiselin, Michael T. , *The Triumph of the Darwinian Method*, Berkeley: Univ. of California Pr. .)

杰伊 (1973):《辩证的想像》(Jay, Martin, *The Dialectical Imagination*, Boston: Little Brown.)

卡莱尔 (1909):《今昔》(Carlyle, Thomas, *Past and Present*, Oxford: Oxford University Pr. .)

卡尔—桑德斯 (1922):《人口问题：人类进化的研究》(Carr—Saunders, A. M. , *The Population Problem: A Study in Human Evolution*, Oxford: Clarendon Pr. .)

凯勒 (1982):"语言演变论" (Keller, R. , "Zur Theorie

sprachlichen Wandels", *Zeitschrift fur Germanistische* 10, 1982, pp. 1—27.)

凯尔费尔德（1981）:《诡辩派运动》（Kerferd, G. B., *The Sophistic Movement*, Cambridge: Cambridge Univ. Pr. .)

凯恩斯（1923/71）:《简论货币改革》（Keynes, J. M., *A Tract on Monetary Reform*, reprinted in Collected Works, London: Macmillan, 1971, IV.)

…（1938/49/72）:"我的早期信仰"（"My Early Beliefs", written in 1938, printed in *Two Memoirs*, London: Rupert Hart-David, 1949）, and reprinted in *Collected Works*, vol. X, London: Macmillan, 1972.)

坎贝尔（1972）:《性选择与人的繁衍》（Campbell, B. G., ed., *Sexual Selection and the Descent of Man*, *1871—1971*, Chicago: Aldine Publishing Co. .)

坎贝尔（1974）:"进化论的认识论"（Campbell, Donald T., "Evolutionary Epistemology", in P. A. Schilpp, ed., *The Philosophy of Karl Popper*, La Salle: Open Court, 1974, pp. 413—463, reprinted in Radnitzky and Bartley, 1987.)

…（1977）:"描述的认识论"（"Descriptive Epistemology", *William James Lectures*, Harvard University, mimeographed.)

柯伦（1958）:见《旁观者》, 7 月 6 日（Curran, Charles, *The Spectator*, July 6, p. 8.)

科斯（1937）:"公司的性质"（Coase, R. H., "The Nature of the Firm", *Economica* 4.)

…（1960）:"社会成本问题"（"The Problem of Socal Cost", *Journal of Law and Economics* 3.)

…（1976）:"亚当·斯密对人的看法"（"Adam Smith's View of Man", *Journal of Law and Economics*.)

科恩（1984）："人口统计学末日的推迟"（Cohen, J. E., "Demographic Doomsday Deferred", *Harvard Magazine.*）

科恩（1931）：《理性和自然》（Cohen, Morris R., *Reason and Nature*, New York: Harcourt, Brace and Co..）

科恩（1970）：《追求至善的王国》（Cohn, Norman, *The Pursuit of the Millennium*, revised and expanded ed., Oxford: Oxford Univ. Pr..）

科尔什（1981）："秩序政治使我在你面前发抖"（Kirsch, G, "Ordnungspolitik mir graut vor dir", *Frankfurter Allgemeine Zeitung*, 18 July, 1981.）

克拉克（1965）："石斧和刮削器的交易"（Clark, Grahame, "Traffic in Stone Axe and Adze Blades", *Economic History Review* 18, 1965, pp. 1—28.）

克拉克（1971）：《爱因斯坦：生平与时代》（Clark, R. W., *Einstein: the Life and Times*, New York: World Publishing Co..）

克利福德（1879）："论道德的科学基础""对与错：二者分野的科学根基"（Clifford, W. K., "On the Scientific Basis of Morals" and "Right and Wrong: the Scientific Ground of Their Distinction", in *Lectures and Essays*, vol. 2., London: Macmillan & Co..）

孔德（1854）："得到证明的道德必然优越于由启示得到的道德"（Comte, A. "La superiorite necessaire de la morale demontree sur la morale revelee", in *Systeme de la politique positive*, I, Paris: L. Mathias, p. 356.）

孔子：《论语》（Confucius, *Analects*, trans. A. Waley. London: George Allen & Unwin, Ltd..）

康德（1798）：《学院派的争论》（Kant, Immanuel, *Der St-*

reit der Fakultaen.）

昆顿（1977）："实证主义"（Quinton, A. , "Postivism", in *Harper/Fontana Dictionary of Modern Thought*, New York：Harper & Row.）

拉德尼茨基等编（1987）:《进化论的认识论》（Radnitzky, Gerard and W. W. Bartley, III, eds. , *Evolutionary Epistemology, Rationality, and the Sociology of Knowledge*, La Salle：Open Court.）

拉特兰（1985）:《计划的神话：苏联计划经验的教训》（Rutland, Peter, *The Myth of the Plan：Lessons of Soviet Planning Experience*, London：Hutchinson.）

赖尔（1945—46）："知其然和知其所以然"（Ryle, Gilbert, "Knowing How and Knowing That", *Proceedings of the Aristotlian Society* 46.）

…（1949）:《意识的概念》（*The Concept of Mind*, London：Hutchinson's Univ. Library.）

李约瑟（1943）:《时间之河常新》（Needham, Joseph, *Time the Refreshing River*, London：Allen & Unwin.）

…（1954）:《中国的科学和文明》（*Science and Civilization in China*, Cambridge：Cambridge University Pr. , 1954—85, in 6 vols. and numerous parts.）

利德尔和斯科特（1940）:《希腊语—英语词典》（Liddell, H. G. and R. Scott, *A Greek-English Lexicon*, 9th edition, London：Clarendon Pr. .）

利基（1981）:《人的诞生》（Leakey, R. E. , *The Making of Mankind*, New York：Dutton.）

联合国（1980）："1979 年世界人口状况简明报告"（United Nations, "Concise Report of the World Population Situation in 1979：

Conditions, Trends, Prospects and Policies", *United Nations Population Studies* 72.)

卢塞 (1982):《捍卫达尔文主义:进化论论战指南》(Ruse, Michael, *Darwinism Defended: A Guide to the Evolution Controversies*, Reading: Mass. : Addison-wesley.)

卢梭 (1762):《社会契约论》(Rousseau, Jean - Jacques, *Social Contract.*)

伦弗鲁 (1972):《文明的出现》(Renfrew, Colin, *Emergence of Civilization*, London: Methuen.)

… (1973):《解释文化变迁:史前模式》(*The Explanation of Cultural Change: Models in Prehistory*, London: Duckworth.)

罗伯茨 (1971):《苏联经济中的异化》(Roberts, P. C. , *Alienation in the Soviet Economy*, Albuquerque: Univ. of New Mexico Pr. .)

罗尔斯 (1971):《正义论》(Rawls, John, *A Theory of Justice*, Cambridge: Harvard Univ. Pr. .)

罗斯托夫采夫 (1930):《古代世界的衰落及其经济解释》(Rostovtzeff, M. , "The Decline of the Ancient World and its Economic Explanation", *Economic History Review*, II.)

… (1933):《希腊经济与商业史》(Review of J. Hasebrock, *Griechistche Wirtschafts—und Handelsgeschichte in Zeitschrift fur die gesamte Staatswirtschaft* 92, pp. 333—339.)

罗素 (1931):《科学的世界观》(Russell, Bertrand, *The Scientific Outlook*, New York: W. W. Norton & Co. , Inc. .)

… (1940):"自由和统治"("Freedom and Government", in R. N. Anshen, ed. , *Freedom, Its Meaning*, New York: Harcourt, Brace & Co. .)

… (1910/1966):《哲学论文集》(*Philosophical Essays*, revised ed. , London: Allen &Unwin.)

洛克（1676/1954）:《自然法论文集》（Locke, John, *Essays on the Laws of Nature*, ed. Leyden, Oxford: Clarendon Pr. .)

…（1690/1887）:《政府两论》（*Two Treatise on Civil Government*, 2nd ed. , London: Routledge.)

…（1690/1924）:《论人类的理解力》（*Essay Concerning Human Understanding*, ed. A. . Pringle-Pattison, Oxford: Clarendon Pr. .)

马赫鲁普（1962）:《知识的生产与分配》（Machlup, Fritz, *The Production and Distribution of Knowledge*, Princeton: Princeton Univ. Pr. .)

马林诺夫斯基（1936）:《信仰和道德的基础》（Malinowsky, b. , *Foundations of Faith and Morals*, London: Oxford Univ. Pr. .)

迈尔（1970）:《人口、物种和进化》（Mayr, e. , *Population, Species, and Evolution*, Cambridge: Harvard Univ. Pr. .)

…（1982）:《生物学思想的成长》（*The Growth of Biological Thought*, Cambridge: Harvard Univ. Pr. .)

麦达瓦尔等（1983）:《从亚里士多德到动物园: 生物哲学词典》（Medawar, P. B. and J. S. , *Aristotle to Zoos: A Philosophical Dictionary of Biology*, Cambridge: Harvard Univ. Pr. .)

麦克莱利（1953）:《马尔萨斯的人口学》（McCleary, G. F. , *The Malthusian Population Theory*, London: Faber & Faber.)

麦克尼尔（1981）: "捍卫世界史"（McNeill, William H. , "A Defence of World History", *Royal Society Lecture.*)

梅迪克（1973）:《市民社会自然状态和自然史》（Medick, Hans, *Naturzustand und Naturgeschichte der burgerlichen Gesellschaft*; *Die Ursprung der Burgerlichen Sozialtheorie als Geschichtsphilosophie und Sozialwissenschaft bei Samuel Pufendorf, John Locke und Adam*

Smith, Gottingen: Vandenhoeck & Ruprecht.）

梅恩（1875）:《早期制度史演讲录》（Maine, H. S., *Lectures on the Early History of Institutions*, London: John Murray.）

梅耶（1972）:"观念能改变历史吗?"（Maier, H., "Konnen Begriffe die Gesellschaft verandern?", in Sprache und Politik, *Bergedorfer Gesprachkreis* 41, Tagung, May 1972 Protokoll.）

曼德维尔（1715/1924）:《蜜蜂的寓言》（Mandeville, B., *The Fable of the Bees*, ed. F. B. Kaye, Oxford: Clarendon Pr..）

门格尔（1871/1934/1981）:《经济学原理》（Menger, Carl, *Principles of Economics*, New York and London: New York Univ. Pr. Reprinted in German by the London School of Economics in 1934, vol. I.）

…（1883/1933/1985）:《经济学和社会学问题》（*Problems of Economics and Sociology*, trans. Francis J. Nock, ed. Louis Schneider. Urbana: Univ. of Illinois Pr., 1963; republished as *Investigations into the Method of the Social Sciences* with Special Reference to Economics, with a new introduction by Lawrence White, New York: New York Univ. Pr.. Reprinted in German by the London School of Economics in 1933, vol. II.）

…（1933—36）:《卡尔·门格尔文集》（*The Collected Works of Carl Menger*, reprinted in 4 vols., in German. London: London School of Economics and Political Science（Series of Reprints of Scarce Tracts in Economic and Political Science, no. 17—20.）

…（1968—70）:《全集》（*Gesammelte Werke*, Tubingen: J. C. B. Mohr Verlag.）

孟德斯鸠（1748）:《论法的精神》（Montesquieu, Charles L. de S. de, *De l'Esprit des loix*, I, Geneva: Barrillot & Fils.）

米勒（1976）:《社会公正》（Miller, David, *Social Justice*,

Oxford: Oxford Univ. Pr.)

米瑟斯（1949）:《人 类 的 行 为: 论经济学》（Mises, Ludwig von, *Human Action: A Treatise on Economics*, New Haven: Yale Univ. Pr..)

… （1957）:《理论与历史》（*Theory and History*, New Haven: Yale Univ. Press.)

… （1922/81）:《社会主义》（*Socialism*, Indianapolis: Liberty Classics, 1981.)

莫诺（1970/1977）:《偶 然 与 必 然》（Monod, Jacques, *Chance and Necessity*, Glasgow: Collins/Fount paperback, 1977.)

… （1970）: 见《价值在事实世界中的位置》（in A. Tiseliu and S. Nilsson, eds.: *The Place of Value in a World of Facts*, Stockholm: Nobel Symposium 14.)

穆尔（1903）:《伦理学原理》（Moore, G. E., *Principia Ethica*, Cambridge: Cambridge University Pr..)

穆勒（1848/1965）:《政治经济学原理》（Mill, John S., *Principles of Political Economy*, vols. 2 and 3 of *Collected Works of John Stuart Mill*, ed. J. M. Robson, London: Routledge & Kegan Paul.)

缪达尔（1960）:《超越福利国家》（Myrdal, Gunar, *Beyond the Welfare State*, New Haven: Yale University Pr..)

耐特（1923/36）:《竞争伦理学及其他文集》（Knight, Frank H., *The Ethics of Competition and Other Essays*, London: G. Allen & Unwin, 1936）; Quarterly Journal of Economics, 1923.)

诺斯等（1973）:《西方世界的崛起》（North, D. C. and R. P. Thomas, *The Rise of the Western World*, Cambridge: Cambridge Univ. Pr..)

… （1981）:《经济史中的结构与变迁》（*Structure and*

Change in Economic History, New York: W. W. Norton & Co..)

帕登（1899）:《英国思想的发展: 历史的经济学解释之研究》（Patten, Simon N. , *The Development of English Thought: A Study in the Economic Interpretation of History*, New York: The Macmillan Co..)

佩伊（1978）:《模棱两可的词: 所言非所指的艺术》（Pei, Mario, *Weasel Words: The Art of Saying What You Don't Mean*, New York: Harper & Row.)

配第（1681/1899）: "人类的成长、增长和成倍增长" （Petty, William, "The Growth, Increase and Multiplication of Mankind", in *The Economic Writings of Sir William Petty*, ed. C. H. Hull, vol. 2, Canbridge: Cambridge Univ. Pr. , 1899.)

…（1927）:《配第文稿: 威廉·配第的未刊稿》（The Petty Papers: *Some Unpublished Writings of Sir William Petty*, ed. Marquis of Lansdowne, London: Constable & Co..)

皮尔森（1902/1912）:《经济学原理》（Pierson, N. G. *Principles of Economics*, trans. from the Dutch by A. A. Wotzel, London: Macmillan and Co. , Ltd..)

皮尔纳（1934）:《古埃及私法制度史》（Pirenne, J. , *Histoire des institutions et du droit prive de l'ancienne Egypte*, Brussels: Edition de la Fondation Egyptologique Reine Elisabeth.)

皮戈特（1965）:《从农业出现到古典时代的古代欧洲》 （Piggot, Stuart, *Ancient Europe from the Beginning of Agriculture to Classical Antiquity*, Edinburgh: Edinburgh Univ. Pr..)

皮亚杰（1929）:《儿童关于世界的概念》（Piaget, Jean, *The Child's Conception of the World*, London: K. Paul, Trench, Trubner & Co. , Ltd..)

普里果金（1980）:《从存在到变化: 物理学中的时间和复

杂性（Prigogine, Ilya, *From Being to Becoming: Time and Complexity in the Physical Sciences*, San Francisco: W. H. Freeman.）

普日布拉姆（1983）:《经济推理史》（Pribram, K., *A History of Economic Reasoning*, Baltimore: Johns Hopkins Univ. Pr..）

琼斯（1981）:《欧洲的奇迹》（Jones, E. L., *The European Miracle*, Cambridge: Cambridge University Pr..）

儒弗内（1957）:《主权: 政治利益研究》（Jouvenel, Bertrand de, *Sovereignty: An Inquiry into the Political Good*, trans by J. F. Huntington, Chicago: Univ. of Chicago Pr..）

萨维尼（1814/31）:《我们时代的立法和司法任务》（Saviny, F. C., *Vom Beruf unserer Zeit fur Gesetzgebung und Rechtswissenschaft*, Heidelberg: Mohr und Zimmer, 1814; trans Abraham Hayward, as *Of the Vocation of Our Age for Legislation and Jurisprudence*, London: Littlewood & Co. 1831.）

… （1840）:《今日罗马法体系》（*System des heutigen Romischen Rechts*, Berlin: Veit, 1840—49.）

塞顿—沃森（1983）:《泰晤士报文学副刊》, 11 月 18 日（Seton-Watson, H., *Times Literary Supplement*, 18 November, p. 1270.）

塞杰斯特（1969）: "社会变迁"（Segerstedt, Torgny, "Wandel der Gesellschaft", in *Bild der Wissenschaft* 6.）

沙伐列维奇（1975/1980）:《社会主义现象》（Shafarevich, Igor R., *The Socialist Phenomenon*, New York: Harper & Row.）

桑巴特（1902）:《现代资本主义》（Sombart, Werner, *Der moderne Kapitalismus*, Leipzig: Duncker & Humblot.）

沙利文（1795）:《崩塌的祭坛》（Sullivan, James, *The Altar of Baal Thrown Down; or the French Nation Defended against the Pulpit Slander of David Osgood*, Philadelphia: Aurora Printing

Office.）

舍克（1973）："特洛伊木马的语言"（Schoeck, Helmut, "Die Sprache des Trojanischen Pferd", in *Die Lust am schlechten Gewissen*, Freiburg：Herder.）

……（1966/69）：《论嫉妒》（*Envy*, London：Secker & Warburg.）

施泰因（1966）：《法律》（Stein, Peter, *Regulae Iuris*, Edinburgh：Edinburgh Univ. Pr..）

舒尔茨（1913）：《德语外来语词典》（Schulze, H., *Deutsches Fremdworterbuch.*）

舒马赫（1973）：《小的是美好的》（Schumacher, E. F., *Small Is Beautiful*, New York：Harper & Row.）

斯金纳（1955—56）："自由和对人的控制"（Skinner, B. F., "Freedom and the Control of Man", *American Scholar* 25, PP. 47—65.）

斯密（1759）：《道德情操论》（Smith, Adam, *Theory of Moral Sentiments*, London：A. Millar.）

……（1759/1911）：《道德情操论》（*Theory of Moral Sentiments*, London：G. Bell and Sons.）

……（1776/1976）：《国民财富的性质和原因的研究》（*An Inquiry into the Nature and Causes of the Wealth of Nations*, Oxford：Oxford Univ. Pr., 1976.）

……（1978）：《法理学讲义》（*Lecture on Jurisprudence*, ed. R. L. Meek, D. D. Raphael, P. G. Stein, Oxford：Clarendon Pr..）

斯特拉博（1917）：《斯特拉博地理学》（Strabo, *The Geography of Strabo*, trans. Horace L. Jones, London：Heinemann.）

斯图尔特（1828/1854—60）：《著作集》（Stewart, Dugald, *Works*, ed. W. Hamilton, Edinburgh：T. Constable.）

索普（1963）:《动物的学习和本能》（Thorpe, W. H., *Learning and Instinct in Animals*, London: Methuen.）

… (1966/76):《科学、人和道德》（*Science, Man and Morals*, Ithaca: Cornell Univ. Pr.; republished by Westport, Conn.: Greenwood Pr., 1976.）

… (1969):《进化中的人》（*Der Mensch in der Evolution*, with an introduction by Konrad Lorenz, Munchen: Nymphenburger Verlagshandlung. Trans. of *Science, Man and Morals*, Ithaca: Cornell Univ. Pr..）

… (1978):《偶然世界中的目的》（*Purpose in a World of Chance*, Oxford: Oxford Univ. Pr..）

特罗特（1916）:《和平和战争中牧人的本能》（Trotter, Wilfred, *Instincts of the Herd in Peace and War*, London: T. F. Unwin, Ltd..）

泰勒（1871）:《原始文化》（Tylor, Edward B., *Primitive Culture*, London: J. Murray.）

威廉斯（1966）:《适应能力和自然选择》（Williams, George C. ed., *Adaptation and Natural Selection*, Princeton: Princeton Univ. Pr..）

… (1971):《群体选择》（*Group Selection*, Chicago: Aldine – Atherton.）

… (1975):《性和进化》（*Sex and Evolution*, Princeton: Princeton Univ. Pr..）

威廉斯（1976）:《关键词：文化和社会词汇》（Williams Raymond, *Key Words: A Vocabulary of Culture and Society*, London: Fontana.）

韦尔斯（1984）:《自传中的经历》（Wells, H. G., *Experience in Autobiography*, London: Faber & Faber.）

韦斯特马克（1906—1908）：《道德观念的起源与发展》（Westermarck, E. A., *The Origin and Development of the Moral Ideas*, London: Macmillan and Co..）

维科（1854）：《著作集》（Vico, G., *Opere*, 2nd ed., ed. G. Ferrari, Milan.）

维兰德（1800）：《亚里斯提卜和他的一些同代人》（Wieland, C. M., *Aristipp und einige seiner Zeitgenossen*, Leipzig: B. G. J. Goschen.）

维塞（1917）：《过去和将来的自由主义（Wiese, Leopold, *Der Liberalismus in Vergangenheit und Zukunft*, Berlin: S. Fischer.）

温—爱德华兹（1962）：《动物社会行为的传播》（Wynne-Edwards, V. C., *Animal Dispersion in Relation to Social Behaviour*, Edinburgh: Oliver & Boyd.）

乌尔曼—马加利特（1977）：《规范的出现》（Ullmann-Margalit, Edna, *The Emergence of Norms*, Oxford: Clarendon Pr..）

…（1978）："解释看不见的手"（"Invisible Hand Explanation", *Synthese* 39, 1978.）

沃尔齐默尔（1977）：《查尔斯·达尔文：争论的年代，1859—1882》（Vorzimmer, Peter J., *Charles Darwin: the Years of Controversy, 1859—1882*, Philadelphia: Temple Univ. Pr..）

西蒙（1977）：《人口增长的经济学》（Simon, Julian L., *The Economics of Population Growth*, Princeton: Princeton Univ. Pr..）

…（1978）：《人口经济学研究》（ed., *Research in Population Economics*, Greenwich, Conn.: JAI Pr..）

…（1981a）："1980 年全球混乱：不堪卒读的 2000 年全球报告"（"Global Confusion, 1980: A Hard Look at the Global 2000 Report", in *Public Interest* 62.）

… （1981b）:《最后的资源》（*The Ultimate Resource*, Princeton: Princeton Univ. Pr. .)

西蒙等编:（1984）:《资源丰富的地球》（Simon, Julian and Hermann Kahn, eds. , *The Resourceful Earth*, Oxford: Basil Blackwell.)

希尔施曼（1977）:《激情和利益: 在资本主义胜利之前为它所做的政治论证》（Hirschmann, Albert O. , *The Passions and the Interests: Political Arguments for Capitalism Before Its Triumph*, Princeton: Princeton Univ. Press.)

希妥夫斯基（1976）:《无乐趣的经济: 人的满足和消费者的不满足研究》（Scitovsky, Tibor, *The Joyless Economy: an Inquiry into Human Satisfaction and Consumer Dissatisfaction*, New York: Oxford Univ. Pr. .)

席勒（1793）:《论人的美育》（Schiller, J. C. F. , *Uber die asthetischt Erziehung des Menschen*, in Samtliche Werke, Stuttgart und Tubingen: J. G. Cotta, 1812—15, vol. 8.)

谢尔斯基（1975）:《另一些人的工作》（Schelsky, H. , *Die Arbeit tun die Anderen*, Opladen: Westdeutscher Verlag.)

辛普森（1972）: "进化论的人类概念"（Simpson, G. G. , "The Evolutionary Concept of Man", in B. G. Campbell, 1972.)

熊彼特（1954）:《经济分析史》（Schumpeter, J. , *History of Economic Analysis*, New York: Oxford Univ. Pr. .)

休谟（c1757/1779/1886）:《自然宗教对话录》（Hume, David, *Dialogues concerning Natural Religion*, in David Hume, *Philosopical Works*, vol. II, ed. T. H. Green and T. H. Grose, London: Longmans, Green.)

… （1777/1886）:《人类理解力研究》（*Enquiry Concerning Human Understanding*, in David Hume, Philosophicla Works, vol. III, ed. T. H. Green and T. H. Grose, London: Longmans, Green.)

… (1741, 1743, 1758, 1777/1886):《道德、政治和文学文集》(*Essays, Moral, Political and Literary*, in David Hume, *Philosophicla Works*, vol. III and vol. VI, ed. T. H. Green and T. H. Grose, London: Longmans, Green.)

… (1762):《从凯撒入侵到 1688 年革命的英国史》(*History of England from the Invasion of Julius Caesar to the Revolution of 1688*, in six vols. , London: Printed for A. Millar in the Strand.)

…(1886):《休谟哲学著作集》(*Philosophicla Works of David Hume*, ed. T. H. Green and T. H. Grose, London: Longmans, Green.)

… (1739/1886):《人性论》(*A Treatise of Human Nature*, in David Hume, *Philosophicla Works*, vol. I and vol. II, ed. T. H. Green and T. H. Grose, London: Longmans, Green.)

薛定谔 (1944):《生命是什么? 活细胞的物理学方面》(Schrodinger, Erwin, *What Is Life? The Physical Aspect of the Living Cell*, Cambridge: Cambridge Univ. Pr. .)

伊诺第 (1948): "古希腊世界计划经济的辉煌和没落" (Einaudi, Luigi, "Greatness and Decline of Planned Economy in the Hellenistic World", *Kyklos* II, pp. 193—210, 289—316.)

人名索引

皮亚杰 Piaget，Jean

普兰特 Plant，Sir Arnold

普日布拉姆 Pribram，K.

蒲鲁东 Proudhon，Pierre J.

奇肖尔姆 Chisholm，G. B.

琼斯 Jones，Sir William

儒弗内 Jouvenal，Bertrand de

萨维尼 Savigny，F. C. von

塞顿—沃森 SetonWatson，H.

塞杰斯特 Segersted，Torgny

塞内加 Seneca

桑巴特 Sombart，Werner

沙伐列维奇 Shafarevich，Igor R.

沙利文 Sullivan，James

莎士比亚 Shakespeare，William

舍克 Schoeck，Helmut

圣西门 Saint-Simon，Claude H. de

施泰因 Stein，Peter

舒尔茨 Schulze，H.

舒马赫 Schumacher，E. F.

斯蒂芬 Stephen，Sir Leslie

斯金纳 Skinner，B. F.

斯科特 Scott，r.

斯密 Smith，Adam

斯泰利布拉斯 Stallybrass，Oliver

斯特拉博 Strabo

斯图尔特 Stewart，Dugald

索迪 Soddy，F.

辛普森 Simpson，G. G.

熊彼特 Schumpeter，Joseph A.

休谟 Hume，David

修昔底德 Thucydides

薛定谔 Schrodinger，Erwin

亚里士多德 Aristotle

约翰逊 Johnson，Samuel

伊诺第 Einaudi，Luigi

张五常 Cheung，Steven Ng Sheong

主 题 索 引

(按汉译名拼音音序排列)

制定的规则；～比理性更古老；迷信在维护～中的作用；～优于理性；～由宗教传递；～在市场秩序中对知识和财富的作用；～无法满足建构论的要求；社会主义对～否定

超验秩序 transcendent order

道德观 morality：～不符合、也不可能符合理性主义的证明标准；～演变出并维护着扩展秩序；由罗马人传播的希腊传统；～和“自由主义”哲学；～受到偏爱的用法；理性主义哲学家以为追求幸福是选择道德观的理由；奇肖尔姆以非理性和非科学为由拒绝～；布卢姆斯伯里团体对～的反叛；～和财产权；休谟论～；进化对～形成的作用；～ 未被欲求的渐变过程道德实践 moral practices：传统的～；～不能用理性证明；资本家创造了无产阶级的～；～和公民自由；～既不是本能也不是理性所创造；对～的厌恶；～对经济和政治生活的作用；进化选择和～；对～缺乏理解；～使理性的成长成为可能；～不以简单的满足为基础；适应～的痛苦；～作为理性的一部分；洛克论～；～传播；～的不可证明性；“非理性的”和“非科学的”～

对不熟悉事物的惧怕和贸易 fear of the unfamiliar, and trade

法律 law：～和支配财产处置权的抽象规则；～作为自由的保障；语言和～；萨维尼论～

繁荣 prosperity：亚当·斯密论～

分立的财产 several property：～在知识传播中的好处；～为有财产者和无财产者同样带来广泛的利益；～作为成长的基础；～和文明；～以自由之名受到的指责；～概念的发展；卢梭之后对～日益增加的怀疑；近来的人类学回避了对～ 的研究；～和自由；～是贸易的前提；有生命力的宗教对～的支持；～不为野蛮人所知

高贵的野蛮人 noble savage：集体主义有关～的神话；卢梭论～；～既不自由也不强大

译名对照表

奥地利经济学派 Austrian school of economics
比较成本原理 principle of comparative costs
边际效用 marginal utility
边沁的传统 Benthamite tradition
边缘地带 peripheral areas
剥削 exploitation
鲍斯韦尔的《生平》Boswell's *Life*
保守主义 conservatism
布卢姆茨伯里团体 Bloomsbury Group
财富的增长 wealth, increase of
差异 differentiation
产权 property rights
传统 tradition
超验秩序 transcendent order
道德观 morality
道德实践 moral practices
对不熟悉事物的惧怕和贸易 fear of the unfamiliar and trade
法律 law
繁荣 prosperity
分立的财产 several property

高贵的野蛮人 noble savage

个人（个体）individuals

个人财产 individual property

个人主义 individualism

公民自由 civil liberties

公正 justice

功利主义 utilitarianism

合理的重构 rational reconstruction

合作和小群体 cooperation and small groups

宏观经济学 macroeconomics

货币 money

货币制度 monetary institutions

集体产品的数量 collective product, magnitude of

集体效用不可能发现 collective utility, not discoverable

集体主义 collectivism

建构论理性主义 constructivist rationalism

价格 prices

价值 value

交换体系 exchange systems

交换学 catallactics

交往的复杂性 interaction, complexity of

解放 liberation

进化 evolution

经济学 economics

经验主义 empiricis

竞争 competition

看不见的手（亚当·斯密）invisible hand

科学方法 scientific method

控制论 cybernetics

拉马克主义 Lamarckism

劳动分工 division of labour

劳动力 labour

理性 reason

理性主义 rationalism

理智 mind

利润 profit

利他主义 altruism

马尔萨斯的人口论 Malthusian theory of population

贸易 trade

迷信 superstition

普遍意志 general will

前苏格拉底哲学家 Pre-Socratic philosophers

人口增长 population growth

人类合作的扩展秩序 extended order of human cooperation

人为的 artificial

仁慈的专制主义 benevolent despotism

商业 commerce

社会达尔文主义 social Darwinism

社会（的）social

社会工程 social engineering

社会公正 social justice

社会主义 socialism

设计 design

生命核算 calculus of lives

生物进化 biological evolution

实证主义 positivism

时间之箭 time's arrow

市场 markets

市场经济 market economy

市场秩序 market order

收入 income

私有财产 private property

私有制 private ownership

体力的付出 physical effort

通货膨胀 inflation

唯科学主义 scientism

为用途而生产 production for use

文化进化 cultural evolution

文明 civilization

《文明及其不满》（弗洛伊德）*Civilization and its Discontents*

无产者 proletariat

"象征性真理" symbolic truths

信息 information

行为规则 rules of conduct

休戚与共 solidarity

学习的能力 capacity for learning

一点一滴的改进 piecemeal improvement

遗传的 genetic

遗传发展 genetic development

异化的起源 alienation, sources of

游戏 play

有利的目的 beneficial ends

语言 language

政府 government

知识 knowledge

知识伦理 ethic of knowledge

智力 intelligence

秩序 order

中央权力 central authority

专业化 specialization

资本 capital

资本主义 capitalism

资源 resources

自发性 spontaneity

自发秩序 spontaneous order

自然的 natural

自然科学 natural science

自然主义的谬论 naturalistic fallacy

自由 freedom, liberty

自由主义 liberalism

自组织现象 self-organization

致命的自负 fatal conceit

宗教 religion

组织 organizations